超譯

카네기의 말 II

자기관리론

超譯

카네기의 말 II

자기관리론

유미바 다카시 엮음 | 정지영 옮김

samho MEDIA

| 데일 카네기에 대하여 |

자기계발의 대가라고 불리는 데일 카네기Dale Carnegie는 1888년 미국 미주리주의 한 농가에서 차남으로 태어났다. 어린 시절부터 뛰어난 언변으로 또래 아이들의 동경 어린 시선을 한데 모았다. 당시 농촌 주민들에게 교양과 오락을 제공할 목적으로 개최되었던 문화 강연회를 자주 참관했던 카네기는, 그때의 인상적인 경험에 힘입어 고등학교 시절 변론부에 들어가 대중연설의 기초를 배웠다. 워런스버그 주립 사범대학교에 진학한 후에도 어려운 가정 형편에 보탬이 되고자, 매일 새벽 3시에 일어나 가축을 돌보고 농사일을 거든 후에야 말을 타고 학교에 갔다. 고된 노동과 학업을 병행하면서도 대중연설과 토론 연습에 매진했고, 그 노력이 열매를 맺어 여러 대학교에서 주관하는 다수의 변론대회에 참가해 압도적인 실력으로 우승을 거두었다. 그 평판을 전해 듣고 모인 학생들에게 대중연설을 가르치며 생활비를 벌기도 했다.

대학교를 졸업한 후 통신 교육 회사와 식품 회사에서 근무하며 사회 경험을 쌓기 시작했다. 식품 회사에서 영업사원으로 일한 당시에는 수완이 뛰어나 항상 담당 지역 내 최고 매출을 기록했다고 한다. 카네기는 그렇게 마련한 돈으로 뉴욕으로 가 염원하던 문화 강연회의 강사가 되기 위해 애썼지만 뜻대로 되지 않았다. 그 후 배우가 되기를 희망하며 연극학교에 들어갔지만, 순회 공연의 무대에 섰다가 자신과 맞지 않음을 절실히 느끼고 배우의 길을 단념했다.

무일푼에 가까운 상태로 뉴욕에 돌아와 트럭 판매로 생계를 유지하며 앞길을 모색하는 나날이 이어졌다. 그러던 어느 날 뉴욕 YMCA에서 직장인을 대상으로 열린 대중연설 강좌를 우연히 들은 카네기는 학생 시절 대중연설을 가르쳐 사람들의 열띤 호응을 얻었던 경험을 떠올렸고, 이를 계기로 성인을 대상으로 한 대화와 연설법 강좌를 개설하기에 이르렀다. 강좌는 사람들에게 선풍적인 인기를 끌었고, 수강 희망자가 쇄도했다. 이후 데일 카네기 연구소를 설립하고 대중연설을 비롯한 성인 교육에 앞장서게 되었다.

인생의 전환점을 맞은 카네기는 당시 철강왕으로 칭송받던 위대한 기업인 앤드류 카네기의 기부 업적에 깊은 감명을 받아, 자기 성의 철자를 'Carnagey'에서 'Carnegie'로 정식 개명했다. 이후 그는 앤드류 카네기가 뉴욕에 설립한 음악 전당 카네기홀에서 문화 강연회를 개최해, 수많은 관중 앞에서 강연을 펼친 바 있다.

카네기가 마흔일곱이 되던 해인 1936년 출간한 《인간관계론How to Win Friends and Influence People》은 전 세계에서 경이적인 판매 부수를 기록하며 베스트셀러에 올랐다. 그리고 1944년 후속으로 출간한

《자기관리론How to Stop Worrying and Start Living》 역시 세계적인 베스트셀러가 되었다.

카네기는 1931년에 첫 번째 부인과 이혼하고 1944년에 도로시 프라이스Dorothy Price와 재혼했다. 본래 대중연설 강좌의 수강생이었던 그녀는 카네기의 비서를 거쳐 인생의 동반자가 되었고, 가장 든든하고 유능한 비즈니스 파트너가 되었다. 1955년에 데일 카네기가 세상을 떠난 뒤에도, 데일 카네기 연구소가 100개국 이상의 나라에 지부를 두고 9백만 명 이상의 인재를 배출한 것은 그녀의 뛰어난 경영 감각 덕분이다.

여담이지만, 카네기 강좌의 수강생 중에는 미국의 36대 대통령인 린든 존슨Lyndon Johnson과 워런 버핏Warren Buffett이 있다. 세계적인 투자가이며 통찰력 넘치는 강연으로도 유명한 워렌 버핏은 한 인터뷰에서 "말주변이 없던 내가 사랑하는 여인과 결혼할 수 있었던 것은 카네기에게 배운 화술 덕분이다."라고 말하기도 했다.

데일 카네기는 1955년 66세로 자택 요양 중에 세상을 떠났지만, 그의 진취적이고 사려 깊은 조언은 《인간관계론》과 《자기관리론》이라는 불후의 명저를 통해 지금도 전 세계 많은 사람에게 깊은 영감과 희망을 전하고 있다.

| 서문 |

어떻게 걱정과 불안을 멈추고 원하는 삶을 시작하는가

35년 전 나는 뉴욕에서 가장 불행한 젊은이 중 한 명이었다. 생계를 잇기 위해 트럭을 판매하는 일을 했지만, 그 일이 견딜 수 없이 싫었다. 바퀴벌레가 들끓는 비좁고 답답한 아파트에 사는 것도 엄청난 스트레스였다. 내 방과 마찬가지로 위생 상태가 엉망일 것이 빤한 더럽고 허름한 식당에서 끼니를 해결하는 것도 매번 고역이었다. 밤마다 일을 끝내고 방에 돌아오면 실망과 걱정, 자기 혐오와 고독이 밀려오면서 머리가 지끈거렸다.

대학 시절에 그려온 꿈은 악몽으로 바뀌고 말았다. 이것이 인생인가? 이것이 줄곧 기대하던 설레는 모험인가? 지독히도 하기 싫은 일을 하고, 허름하고 더러운 아파트에 살며, 형편없는 식사로 배를 채우고, 미래에 관한 어떤 희망조차 품을 수 없는 상황이 내가 바란 것이었나……. 문득 이토록 끔찍이 싫어하는 일이라면, 지금 당장 그만두더라도 잃을 게 없을 것이란 확신이 들었다. 나는 많은 돈을 벌기보다는 즐거움으로 충만한 인생을 누리고 싶었다. 나는 인생의 출발점에서 대다수 젊은이가 직면하는 결정적인 순간을 맞이하고 있었다.

그리하여 나는 미래를 완전히 바꿀 결단을 내렸다. 그 결과 지난 35년 동안 충족감에 넘치는 행복한 인생을 보낼 수 있었다. 나는 어두운 절망과 걱정으로 나를 내몰던 끔찍한 일들을 즉시 그만두기로 했다. 대신 4년간 대학교에서 배운 지식과 경험을 바탕으로, 성인을 대상으로 한 야간 교육 강좌를 개설해 사람들과 유용한 지혜를 나누는 것을 본업으로 삼기로 했다. 그렇게 하면 낮에는 책을 읽고 원하는 글을 쓸 수도 있었다. '글을 쓰기 위해 살고, 살기 위해 글을 쓰는 삶'이야말로 내가 꿈꾸던 인생이었다.

그렇다면 수업에서 성인들에게 구체적으로 무엇을 가르쳐야 할까? 그간의 경험을 되짚어보니, 그 무엇보다 대중연설을 가르치는 일이 가장 현실적이며 적절한 주제라고 생각했다. 나 역시 대중연설을 통해 두려움과 불안감을 씻어냈고, 사람들과 제대로 마주하는 용기를 얻었기 때문이다. 뿐만 아니라, 여러 사람들 앞에서 능숙하게 말하는 일은 리더십을 기르기 위한 필수 조건이기도 했다.

나는 컬럼비아 대학교와 뉴욕 대학교의 야간 강좌에서 강사로 활동하고자 지원했지만, 두 곳 모두 거절 의사를 전해왔다. 그때는 매우 실망했지만 지금은 오히려 다행이라고 생각한다. 그 덕분에 YMCA의 야간 강좌에서 강의를 하게 되었으니 말이다. YMCA의 대중연설 강좌를 듣는 사람들이 원하는 것은 학점이나 졸업 증명서가 아니라, 자신이 처한 상황을 개선하는 데 즉시 적용할 수 있는 현실적인 조언이었다. 그들은 침착함과 자신감을 얻길 원했고, 회의를 하거나 고객을 상대할 때 노련하고 매끄럽게 이야기할 능력을 터득하길 원했다. 가족을 위해 승진을 하고, 더 많은 돈을 벌고자 했다.

이것은 나에게도 커다란 도전이었다. 강좌 진행에 대한 나의 보수는 고정 급여가 아니라 완전한 성과급이었는데, 처음에는 불리한 조건이라고 생각했다. 그러나 지금은 그 덕분에 매우 중요한 훈련을 할 수 있었음에 감사하다. 나는 수강생들에게 동기를 부여해야 했다. 그들이 겪는 문제 해결에 현실적인 도움을 주는 방법을 제시해 주어야 했고, 수강 신청을 계속 하도록 만들기 위해서라도 매회 수업을 매력적인 내용으로 구성해야 했다.

사실 그것은 두근거릴 만큼 즐거운 일이었다. 나는 수강생들이 순식간에 자신감을 얻어, 승진과 급여 인상에 성공하는 모습에 놀랐다. 대중연설 강좌는 내 예상을 훨씬 뛰어넘는 대성공을 거두었다. 그리고 곧 대중연설만이 아니라 인간관계에 관한 현실적이고 유용한 지침이 필요하다는 것을 깨달았다. 그러한 요구에 힘입어 방대한 책과 자료를 분석하고, 실제 생활에서의 적용 사례를 바탕으로 완성한 책이 바로 《인간관계론》이다.

그리고 몇 년 후, 나는 수강생들이 안고 있는 또 하나의 중요한 문제에 주목했다. 바로 삶에서 시시각각 맞닥뜨리는 '걱정'을 어떻게 극복하는가 하는 것이었다. 성인 강좌의 수강생들은 다양한 직업에 종사하고 있었으며 전업주부도 있었는데, 그들 모두가 나름의 심각한 걱정거리를 안고 있었다. 개중에는 끊이지 않는 걱정 때문에 무척 불행한 나날을 보내는 사람도 많았다.

그리하여 나는 '걱정을 관리하는 방법'에 관한 책을 쓰기로 했다. 하지만 대형 도서관을 가도 참고할 수 있는 도서가 많지 않았다. 걱정은 인간이 겪는 최대의 문제 중 하나임에도, 이상하게 고등학교나 대학교에서 걱정에 대처하는 요령을 배운 이는 아무도 없었다. 그 결과, 이 나라 병원 침대의 반 이상이 신경과 마음의 고민을 안고 괴로워하는 사람들로 채워지고 있었다.

이 책을 준비하는 데 많은 시간을 할애했다. 동서고금의 위인들이 '걱정'을 어떻게 이해하고 다뤘는지 알기 위해 철학서와 심리학 서적, 위인들의 전기를 무수히 탐독했다. 정 · 재계뿐 아니라 예술과 스포츠계에 이르기까지 폭넓은 분야에서 활약하는 저명인사들과 인터뷰했다. 가장 핵심적인 과정은, 걱정을 멈추고 새로운 삶을 열기 위한 다양한 방법을 실제 삶에 적용하고 검증한 일이다. 성인 강좌의 수많은 수강생들은 걱정에서 벗어나는 데 도움이 되는 원칙들을 생활 속에서 실천해보고, 기적 같은 결과를 다 함께 공유하고 면밀히 기록했다.

나는 이러한 과정을 통해, 걱정을 극복하는 방법과 실례를 어느 누구보다도 깊고 폭넓게 접했다고 자부한다. 이 책은 수많은 사람들의 경험으로 증명된 실용적인 지침을 담은 생생한 보고서다. 프랑스의 비평가 폴 발레리Paul Valery는 "과학은 성공한 방법들의 집대성이다."라고 말했다. 바로 이 책이 그러하다. 걱정을 극복하는 데 탁월한 효과를 거둔 방법을 집대성한 것이라고 말할 수 있겠다.

미리 알려두자면, 이 책이 무언가 새롭고 획기적인 방법을 말하는 것은 아니다. 일반적으로 모두가 알고 있는 내용이지만, 잘 실천하지 않았던 방법이 대부분이다. 사실 우리는 새로운 것을 배울 필요가 없다. 행복한 인생을 사는 방법은 누구나 이미 알고 있기 때문이다. 문제는 방법을 모르는 것이 아니라, 그 방법을 실행하지 않는 데 있다. 이 책의 목적은 예로부터 검증된 수많은 진리를 간결하게 정리하고, 그것을 구체적인 사례를 들어 설득력 있게 제시하고, 공감을 유도함으로써 독자들의 행동을 촉구하는 것에 있다. 여러분이 이 책을 선택한 것도 걱정에서 벗어나기 위한 '실천 가능하고 효과 있는 해결법'을 얻기 위함일 것이다. 그렇다면 지금부터 시작해보자.

데일 카네기

| 차례 |

I

역경을 딛고 일어선 사람들

| 누구에게나 마이너스를 플러스로 바꾸는 힘이 있다 |

Ⅱ

오늘의 삶에 집중하는 방법

| 지금이야말로 가장 소중히 누려야 할 삶의 순간이다 |

Ⅲ

걱정을 몰아내고 마음의 평안과 행복을 얻는 방법

| 우리 삶은 우리가 생각하는 대로 만들어진다 |

Ⅳ

걱정과 스트레스의 실체를 분석하고 관리하는 방법

| 걱정의 본질을 직시하고, 받아들이고, 행동하라 |

V

비판과 비난에 대처하는 방법

| 부당한 비판은 선망의 왜곡된 얼굴이다 |

VI

인간관계에서 실망하거나 상처받지 않는 방법

| 적을 미워할수록 적에게 지배당한다 |

VII

타인과 함께하는 삶으로 행복해지는 방법

| 우리에게는 우리를 둘러싼 세계를 더 좋게 만들 힘이 있다 |

Ⅷ

일에 몰두함으로써 활력을 찾고 성공을 이루는 방법

| 걱정과 권태를 물리치고 성공을 쌓는 명료한 이치를 깨닫다 |

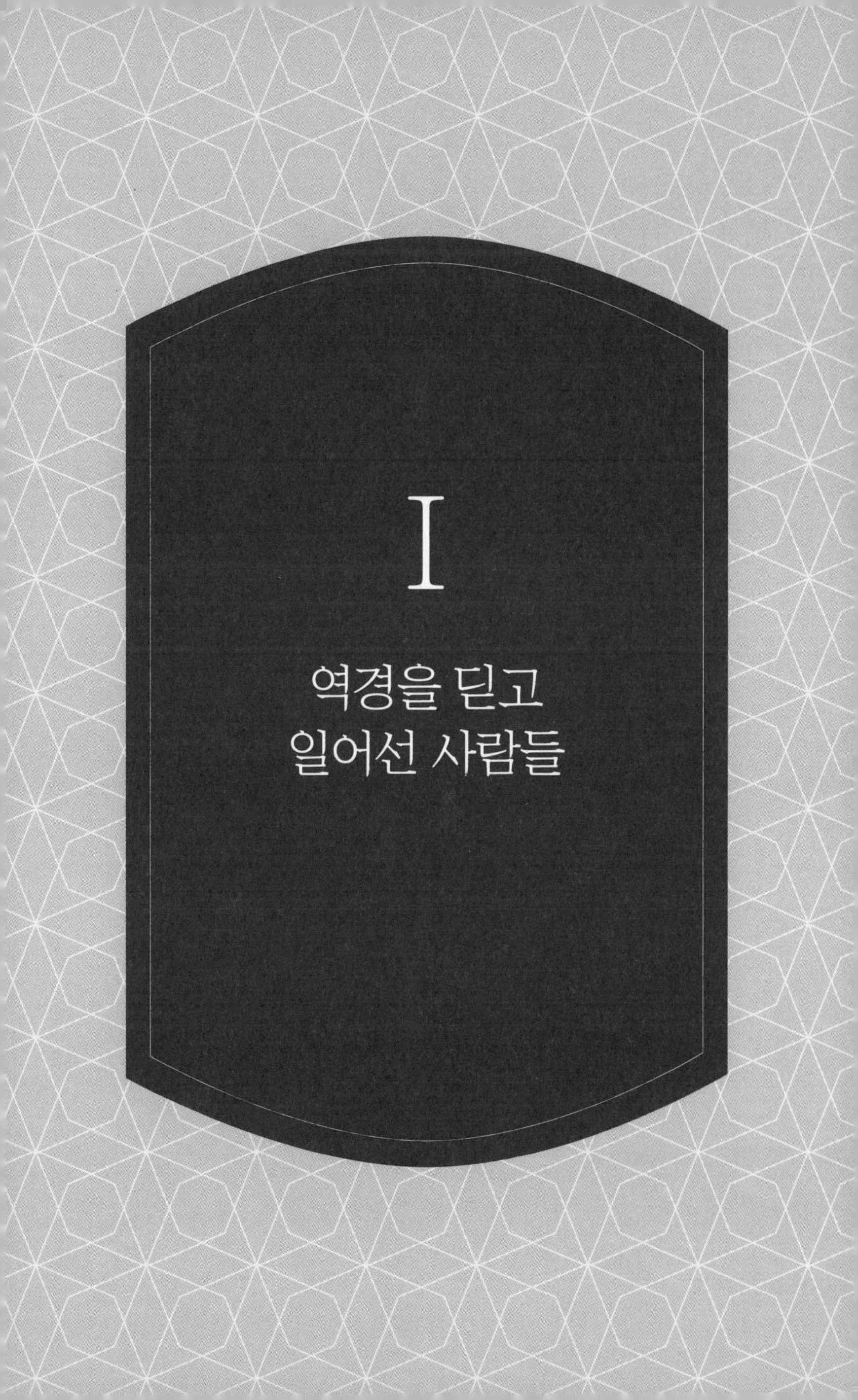

I

역경을 딛고 일어선 사람들

누구에게나
마이너스를 플러스로
바꾸는 힘이 있다

C A R N E G I E

001

역경 속에서 고결한 품성과 행복을 얻다

— 스칸디나비아 격언에 '북풍이 바이킹을 만들었다.'라는 말이 있다. 매섭게 몰아치는 차디찬 북풍 같은 가혹한 환경과 조건을 극복해 나감으로써 뛰어난 인물로 성장한다는 뜻이다. 우리가 역경을 헤쳐나갈 때 이 말은 큰 위로가 된다.

안락하고 안정된 환경이 행복을 이루는 전제 조건이라는 사고방식을 우리는 어디에서 습득한 것일까? 자신에게 연민을 느끼는 사람은 푹신한 소파에 앉아서 안락한 시간을 보낼 때조차 자기 자신을 동정한다. 역사를 돌이켜보라. 그 어떤 악조건과 열악한 환경에서도 최선을 다해 자기 책임을 완수하며 치열하게 삶을 일군 자가 고결한 품성을 갖추고 진정한 행복을 맞이했다.

C A R N E G I E

002

진창을 볼 것인가, 빛나는 별을 볼 것인가

— 어느 여성의 특별하고 흥미로운 경험담을 들어보자.

"남편이 서부 사막 근처의 미군 기지에 배속되어, 나도 함께 그곳에서 생활하게 되었습니다. 하지만 남편은 훈련으로 집을 거의 비웠고, 현지 사람들은 영어가 서툴러 대화할 상대가 없었어요. 맹렬한 더위는 너무도 괴로웠고 걸핏하면 모래가 씹히는 음식도 끔찍했습니다. 하루하루가 불행했습니다. 더는 견딜 수 없어 돌아가고 싶다는 편지를 부모님께 보냈더니, 아버지가 아주 짧은 답장을 보내오셨어요.

'감옥 안의 두 사람이 철창 밖을 바라보았다.

한 사람은 시커먼 진흙탕을 보았고,

다른 한 사람은 밤하늘의 빛나는 별을 보았다.'

몇 번이고 글을 곱씹었습니다. 부끄러웠지요. 그리고 내가 처한 현실에서 좋은 점을 찾기로 했습니다. 현지인들에게 먼저 다가가 최대한 의사를 전달하려고 애쓰며 도움을 청했어요. 그들은 우호적으로 나를 맞아 주었어요. 그들과 함께한 선인장 연구는 정말 흥미로웠고, 사막에서 바라본 석양은 감동적일 만큼 아름다웠습니다. 그때의 경험에서 얻은 최대의 수확은 마음 속 감옥에서 탈출해 밝게 빛나는 별을 본 것입니다."

CARNEGIE

003

노력은 마약과 같은 중독성이 있다

— 헝가리의 위대한 극작가 페렌츠 몰나르Ferenc Molnar는 젊은 날의 좌절을 이렇게 회고했다.

"나는 오십 년 전 아버지의 말씀을 평생의 좌우명으로 삼았다. 당시 대학에서 법률을 공부하던 나는 시험에 떨어진 것이 괴로워 견딜 수가 없었다. 현실에서 도피해 술로 하루하루를 버티던 어느 날, 갑작스럽게 아버지가 방문하셨다. 의사인 아버지는 아들이 술독에 빠져 사는 것을 간파하고 그 자리에서 처방을 일러주셨다. '어떤 좌절을 겪든 알코올이나 수면제에 의존하는 것으로는 고통을 없앨 수 없다. 진정한 효과를 내는 약은 하나뿐. 세상에서 가장 잘 듣는 묘약의 이름은 바로 노력이다.'
노력하는 것은 분명 힘들다. 하지만 그것은 언젠가 성공으로 이어진다. 노력에는 마약과 같은 강한 중독성이 있어서 일단 노력하는 것이 습관이 되면 더는 멈출 수 없다. 실제로 나는 반세기 동안 노력하는 것을 단 한순간도 멈춘 적이 없다."

C A R N E G I E

004

결점은 뜻밖의 모습으로 우리를 돕는다

— 위대한 승리를 쟁취한 사람들의 삶을 연구할수록 재차 확인하게 되는 것은, 자신의 결점을 극복하기 위한 노력이 그들의 위업을 달성하는 중요한 계기가 되었다는 사실이다. 이에 대해 심리학자 윌리엄 제임스William James는 "우리의 결점은 뜻밖의 모습으로 우리를 돕는다."라고 표현했다.

세상에 큰 발자취를 남긴 인물들 역시 그들의 결점과 장애가 뜻밖의 자극제가 되어 엄청난 잠재력을 발휘한 것인지도 모르겠다. 가령 밀턴이 훌륭한 시를 쓴 것은 눈이 잘 보이지 않았기 때문이며, 베토벤이 명곡을 작곡한 것은 귀가 잘 들리지 않았기 때문일지 모른다. 헬렌 켈러가 사회운동가로 활약한 것은 육체의 삼중고를 짊어지고 있었기 때문이며, 차이콥스키는 비참한 결혼생활을 겪어 보았기에 '비창'이라는 명곡을 만들 수 있었는지 모른다. 톨스토이와 도스토옙스키가 불행에 시달리지 않았다면 불후의 명작을 쓰지 못했을 것이다.

C A R N E G I E

005

역경을 딛고 일어선 사람들

— "만약 내가 병약하지 않았다면, 지금과 같은 업적을 거둘 수 없었을 것이다."라고 말한 인물이 있다. 진화론을 제창한 과학자, 찰스 다윈Charles Darwin이다. "우리의 결점은 뜻밖의 모습으로 우리를 돕는다."라는 윌리엄 제임스의 말을 그는 몸소 증명했다.

영국에서 다윈이 태어난 날, 미국 켄터키주의 통나무 오두막집에서 태어난 한 아기의 삶도 역경 속에서 피어났다. 바로 에이브러햄 링컨Abraham Lincoln이다. 그에게도 많은 시련과 결핍이 있었다. 만약 링컨이 상류층에서 성장해 하버드 법학부를 졸업하고 평탄한 결혼생활을 보냈다면, 민중에게 큰 울림을 전한 게티즈버그 연설이나 두 번째 취임 연설의 '누구에게도 악의를 품지 않고, 모든 사람에게 자비심으로 대하며…….'라는 고결한 메시지를 자기 안에서 꺼내어 보이지 못했을지 모른다.

C A R N E G I E

006

인생에서 승리를 거둔다는 것

— 노르웨이가 낳은 위대한 바이올리니스트 올레 불Ole Bull이 파리에서 콘서트를 열던 중 바이올린 현 하나가 끊어지는 돌발 상황이 발생했다. 그러나 불은 당황하지 않고 남은 연주를 훌륭하게 마쳤고, 청중은 완전히 매료되었다. 이를 두고 신학자 해리 에머슨 포스딕Harry Emerson Fosdick이 말했다.

"현 하나가 끊어지면, 나머지 세 현으로 연주를 마치는 것, 그것이 인생이다."

누구의 인생이든 반드시 결핍된 부분이 있다. 푸념하고 절망한다 해도 달라지는 것은 없다. 손에 주어진 자원을 최대한 활용해 나아갈 길을 개척하는 것만이 돌파구와 변화를 가져온다. 인생이란 그런 것이다. 인생에서 승리를 거둔다는 것은 그런 일이다.

C A R N E G I E

007

좌절의 경험을 살려라

— 시카고 대학교의 로버트 허친스Robert Hutchins 총장에게 걱정에 매몰되지 않는 비결에 관해 물었더니 다음의 대답이 돌아왔다. “누군가 레몬을 던지거든, 그것으로 레모네이드를 만들라! 나는 언제나 이 가르침을 따르기 위해 노력합니다.”

어떤 어려움이 닥쳐도 긍정적 변화의 방향을 모색하면 길이 열린다는 의미다. 이것이 위대한 교육자의 인생 철학이다.

그리고 어리석은 자는 그와 정반대로 행동한다. 조금의 시련이나 고민에 부닥치면 바로 포기하고는 ‘아, 난 끝났어.’라며 절망한다. ‘나는 왜 이렇게 운이 없을까.’라고 한숨짓는다. 반면 지혜로운 자는 커다란 좌절 앞에서도 긍정의 자세를 일관한다. ‘이 불운으로부터 나는 무엇을 배울 것인가?’라고 자문하고 현재의 역경을 경험과 기회로 삼아 성공으로 연결할 방법을 고민한다.

CARNEGIE

008

일단 도전하라

— 절망의 문턱에 서서, 레몬을 레모네이드로 바꿀 가망조차 없다고 여겨질지라도 과감히 도전을 이어나가야 하는 두 가지 이유가 있다. 첫째, 낮은 확률일지라도 도전이 성공할 가능성은 분명 존재하기 때문이다. 둘째, 설령 그것이 실패하더라도 마이너스를 플러스로 바꾸려는 노력만으로도 삶에 대한 긍정적인 마음가짐이 강화되기 때문이다. 부정적인 사고를 긍정적인 사고로 전환하고, 창조적인 에너지를 발산해 지금의 삶에 몰두하면 이미 지나간 일로 괴로워할 틈이 없어진다.

C A R N E G I E

009

인간의 잠재력

— 인간의 잠재력을 심도 있게 연구해 온 오스트리아의 정신 의학자 알프레드 아들러Alfred Adler는 오랜 연구와 실험을 거듭한 끝에 이렇게 단언했다.
"인간의 놀라운 특징 중 하나는 마이너스를 플러스로 바꾸는 힘이 있다는 것이다."

CARNEGIE

010

위기를 기회로 바꾸다

— 신학자 해리 에머슨 포스딕은 "행복이란, 역경을 이겨냄으로써 승리의 기쁨에 빠지는 일이다."라고 말했다.

말 그대로 '독을 약으로 바꿔' 난관을 극복하고 성공을 거둔 사람이 여기에 있다. 플로리다에 사는 한 농부는 생애 처음 자신의 농장을 장만했지만, 워낙 척박한 환경 탓에 잡초만 무성한데다 방울뱀까지 득실거리는 현실에 몹시 낙담했다. 하지만 그는 농장을 살릴 방안을 끊임없이 궁리했고 마침내 획기적인 아이디어를 떠올렸다. 놀랍게도 방울뱀 고기를 통조림으로 만들어 판 것이다. 그 사업으로 연간 이만여 명의 관광객이 방울뱀을 보러 올 정도로 농장은 유명해졌다. 어금니 독은 약품 원료로써 연구소로 보내졌고, 가죽은 구두와 핸드백의 재료로, 고기는 통조림으로 제작되어 전 세계 고객에게 보내졌다. 발상을 전환해 역경을 극복한 농부의 성공을 기념하는 의미로 현지의 이름은 '플로리다 방울뱀 마을'로 개칭되었다.

C A R N E G I E

011

결핍과 손실로부터 이점을 발견한다

— "중요한 것은 손에 쥔 이익을 활용하는 일이 아니다. 그런 일은 누구나 할 수 있다. 인생에서 진정 중요한 것은 결핍과 손실로부터 이점을 발견하는 일이다. 그를 위해서는 지혜가 필요하며, 그것이 바로 현명한 자와 어리석은 자의 결정적인 차이가 된다."

전기 작가 윌리엄 볼리소William Bolitho의 말이다. 볼리소가 이 말을 한 것은 열차 사고로 한쪽 다리를 잃은 후였다. 할 수만 있다면 나는 이 명언을 액자에 넣어 전국의 모든 학교에 걸어 두고 싶다.

C A R N E G I E

012

슬픔을 이겨내고 새로운 삶을 연다

— 몇 년 전 미국 조지아주의 호텔 엘리베이터에서 무척 유쾌하고 활력 넘치는 한 남성과 마주친 적이 있다. 휠체어에 앉아 있던 그는 두 다리가 없었다. 이야기를 들어보니 스물네 살 때 교통사고로 두 다리를 잃었다고 한다. 남성은 사고 이후 처지를 비관하며 분노와 절망의 시간을 겪었지만, 끝내 슬픔을 이겨내고 또 다른 삶을 걷기 시작했다. 특히 독서에 전념했는데 14년 동안 1,400권 이상의 책을 읽었다. 스물넷이라는 젊은 나이에 영영 걸을 수 없게 되었지만, 지금은 그 덕분에 인생이 오히려 풍요로워졌음을 느낀다고 한다. 그는 환하게 웃으며 말했다. "책과 친해지면서 생각의 폭과 깊이를 넓히는 법을 배웠습니다. 세상을 바라보는 시각이 완전히 바뀌었어요." 남성은 전혀 관심 밖이었던 사회문제와 정치에도 관심을 가졌고, 정계 사람들과 인연을 맺으면서 그들의 연설문 작가가 되었다. 그리고 마침내 그는 조지아주의 주무장관이 되었다.

C A R N E G I E

013

마이너스를 플러스로 바꾸기 위한 노력

— 나는 오랜 세월 성인 교육 강좌를 진행하면서 대학을 졸업하지 못한 데 대한 후회와 아쉬움을 토로하는 사람을 적잖게 볼 수 있었다. 그러나 사실, 고등학교조차 마치지 않고도 빛나는 성공을 이룬 사람은 많다. 중요한 것은 결점을 보완하려는 의지와 노력이다.

뉴욕 주지사를 네 차례나 역임한 앨 스미스Al Smith는 아버지를 일찍 여의고, 어려운 가정 형편에서 자라며 초등학교조차 졸업하지 못했다. 하지만 대중연설을 배운 것을 계기로 정계에 입문한 뒤, 부족한 부분을 채우기 위해 하루 16시간씩 10년을 독학함으로써 뉴욕 주 행정에 대해 누구보다 잘 아는 전문가가 되었다. 그리고 마침내 뉴욕 주지사가 되었으며, 하버드와 컬럼비아 대학교에서 명예 학위를 받았다. 스미스는 '마이너스를 플러스로 바꾸기 위해 10년간 매일 16시간씩 공부하지 않았다면, 결코 지금의 길을 걸을 수 없었을 것'이라고 회고했다.

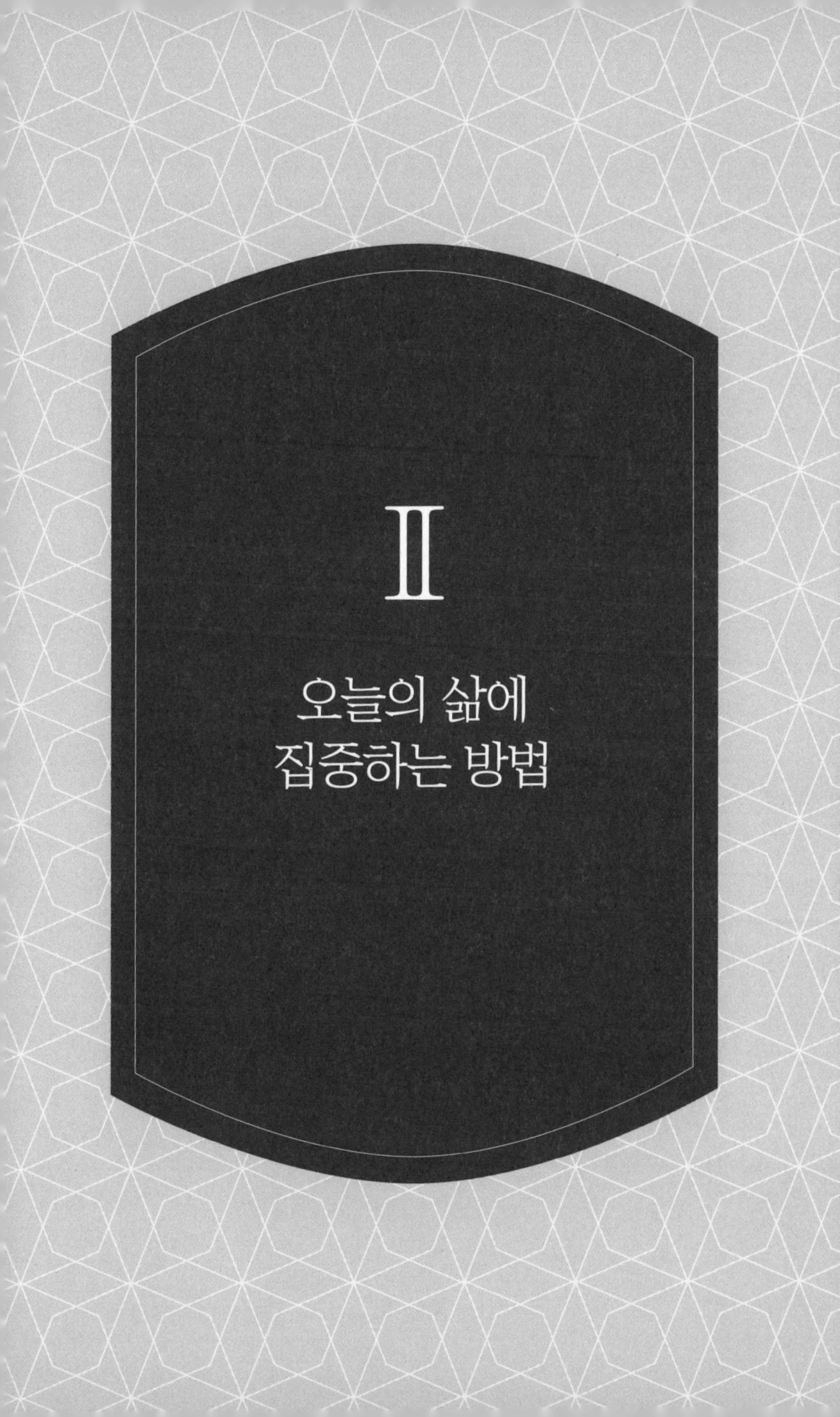

Ⅱ

오늘의 삶에 집중하는 방법

지금이야말로
가장 소중히 누려야 할
삶의 순간이다

C A R N E G I E

014

눈앞에 명확히 놓인 일을 해내라

— 1871년 봄, 젊은 의학도가 우연히 꺼내든 책의 한 구절이 걱정이란 것으로부터 그를 해방하고 인생을 바꾸어놓았다. 그것은 토마스 칼라일Thomas Carlyle의 말이었다.

'우리의 중요한 목표는 저 멀리 흐릿하게 보이는 것을 쫓는 것이 아니라, 지금 눈앞에 명확히 놓인 일을 해내는 것이다.'

의과대학원의 최종시험을 앞두고 과연 합격할 수 있을지, 합격한다면 앞으로 무엇을 해야 할지, 개원은 할 수 있을지 등 미래에 대한 불확실성으로 고민하고 방황하던 젊은이가 운명처럼 만난 글귀는 오늘 하루를 충실하게 살게끔 만드는 기폭제가 되었다. 그리고 그는 당대 최고의 명의가 되었다. 세계적 권위의 존스 홉킨스 의과대학원을 설립했고, 영국 의학자가 누리는 최고의 명예인 옥스퍼드 의과대학 흠정 교수의 자리에 올랐다. 걱정으로부터 자유로워짐으로써 현재의 삶에 충실할 수 있었던 위대한 의학자, 윌리엄 오슬러William Osier의 이야기다.

C A R N E G I E

015

과거와 미래를 차단하고 오늘에 집중하라

━ 옥스퍼드를 비롯한 네 개 대학교의 교수직을 역임한 의학자 윌리엄 오슬러는 예일 대학교 학생들과 함께한 강연에서 이렇게 밝혔다. "혹자는 나를 비범한 두뇌의 소유자라고 생각하겠지만, 내 친구들은 나 역시 지극히 평범한 두뇌를 가졌음을 알고 있답니다."

그렇다면 그가 성공을 이룰 수 있었던 비결은 대체 무엇일까? 예일에서 강연하기 몇 달 전, 오슬러는 대형 여객선을 타고 대서양을 건넜다. 그 배는 몇 개의 단순한 버튼 조작만으로 배의 각 부분이 육중한 철문으로 완전히 격리되어 방수 구역으로 바뀌는 시스템을 지니고 있었다. 오슬러는 그때의 경험에 빗대어 학생들에게 매우 중요한 메시지를 전했다.

"여러분은 거대하고 정교한 선박보다도 훨씬 경이로운 유기체이며, 앞으로 더욱 길고 위대한 항해를 떠나려고 하고 있습니다. 어제의 일로 고민하지 말고, 내일의 위험을 두려워하지 마세요. 그러면 아무리 강한 사람이라도 쓰러지고 맙니다. 배의 불필요한 구역들을 철문으로 차단하며 지금 당장의 항해에 온전히 몰두하듯이, 과거를 차단하고 오늘의 순간에 집중하세요. 아직 오지 않은 내일도 차단함으로써 미래에 대한 불안감에서 벗어나세요. 어제와 내일의 일에 귀중한 에너지를 낭비하지 말고 오늘 할 일에 충실하며 살아가길 바랍니다. 다만 이것은 내일을 준비하지 않아도 된다는 의미가 아닙니다. 오늘 할 일에 전력을 기울이는 것이 내일을 대비하는 유일한 방법이기 때문이니까요."

CARNEGIE

016

가장 소중히 누려야 할 찰나의 삶

━ 인간 본성이 지닌 가장 비극적인 부분은, '삶'을 뒤로 미루는 경향이 있다는 것이다. 사람들은 창문 밖에 피어 있는 빨간 장미를 보려 하지 않은 채 지평선 저 너머 어딘가에 있을 장미 화원을 꿈꾼다.

어째서 우리는 이토록 어리석을까? 어린아이는 '언젠가 키가 크면'이라고 말하고, 좀 더 자란 아이는 '언젠가 어른이 되면'이라고 말한다. 어른은 '언젠가 결혼한다면'이라고 말하고, 결혼한 사람은 '언젠가 정년을 맞이한다면'이라고 말한다. 그리고 마침내 은퇴 후 과거를 돌아볼 때야 비로소 깨닫는다. 삶의 대부분이 지나가 버렸음을, 모든 것을 놓쳐 버렸음을.

인생이란 하루하루 매 순간에 존재한다. 지금이야말로 가장 소중히 누려야 할 삶의 순간이다. 그러나 불행히도 우리는 그것을 너무 늦게 배운다.

017

육체 노동이 아니라 정신적 피로로 쓰러진다

— 미국 대법원장을 역임한 찰스 에반스 휴즈Charles Evans Hughes는 "인간은 과로 때문에 죽는 것이 아니라 지나친 걱정과 에너지의 분산 때문에 죽는다."라고 말했다. 사람들이 일을 많이 해서 죽는 것이 아니라, 아직 일을 끝내지 못했다는 중압감과 걱정 때문에 끊임없이 괴로워하느라 스트레스가 쌓이고 몸과 마음의 에너지가 소모되어 죽는다는 것이다.

C A R N E G I E

018

계획을 세우고 중요한 일을 먼저 실행한다

— 무일푼으로 사업을 시작한 찰스 럭맨Charles Luckman은 불과 십여 년 만에 대기업의 경영자가 되었고, 나아가 막대한 부를 쌓았다. 럭맨의 성공 비결은 매일 중요도에 따라 일의 우선순위를 명확히 하고, 그것을 충실히 이행하는 것이었다. "나는 매일 아침 5시에 일어나는 습관을 유지하고 있습니다. 이른 아침은 어느 때보다도 머리가 맑아요. 가장 중요한 일이 무엇인지 판단해 그날의 계획을 세우기에 최적의 시간이지요."
보험업계에서 엄청난 성공을 거둔 프랭크 베트거Frank Bettger는 하루 계획을 세우기 위해 이른 아침까지 기다리지 않았다. 전날 밤에 미리 계획을 세웠기 때문이다. 목표량을 설정하고 만약 달성하지 못하면 다음 날의 목표를 세밀하게 재조정했다.
사실 중요한 일을 항상 우선해 처리하기는 어렵다. 다만 분명한 것은 중요한 일을 먼저 완수하려는 계획과 노력은 무작정 일에 뛰어드는 것보다 훨씬 좋은 결과를 가져온다는 점이다.

C A R N E G I E

019

문제를 뒤로 미루지 않는다

— 미국 철강산업의 상징과도 같은 철강 제조기업 US스틸의 임원을 지낸 H. P 하웰H. P Howell이 나의 강좌에서 들려준 이야기다. 그는 소모적으로 진행되는 이사회의 회의 방식을 개선할 방법을 찾고 있었다. 이사회는 매번 많은 안건을 상정하고 긴 시간 논의함에도, 명확한 결론을 내리는 것은 소수 안건에 불과했고 상당수가 미뤄졌다고 한다. 임원들은 미처리된 보고서를 집으로 잔뜩 가져가 재검토를 하는 일이 다반사였다.
궁리 끝에 하웰은 이사회를 설득해 회의에서는 하나의 의제만을 상정하고, 그에 관해서는 반드시 결론을 내린 후 다음 회의와 의제로 넘어간다는 규칙을 도입했다. 효과는 놀라웠다. 회의는 때론 좀 더 추가적인 사실 확인이 필요하다는 것으로 결론이 나기도 했고 어떤 안건은 고려 자체가 부적절하다는 결론이 내려지기도 했다. 하지만 회의가 지연되는 일은 발생하지 않았고, 미뤄지는 안건은 단 한 건도 없었다. 임원들이 자택에 보고서를 가지고 돌아가는 일 역시 크게 줄었으며, 보류된 안건을 걱정하느라 받았던 스트레스에서도 해방되었다. 이것은 US스틸의 임원뿐 아니라 누구나 활용할 가치가 있는 규칙이다.

C A R N E G I E

020

눈앞의 일에 전력을 다한다

— 근대 의학의 아버지로 칭송받는 윌리엄 오슬러는 위대한 의학자일 뿐 아니라, 걱정하지 않는 삶의 방식에 통달한 인물이기도 하다. 오슬러는 자신의 공적을 기리는 만찬회의 연설에서 이렇게 말했다. "내가 이룬 것이 성공이라고 한다면, 그 최대의 요인은 언제나 지금 눈앞의 일에 전력을 다하고, 남은 일은 세상의 순리에 맡긴 것입니다."
어제도 내일도 아닌, 오늘의 일에 모든 열정을 기울이는 것에 걱정을 없애는 힘이 있다.

C A R N E G I E

021

하루하루를 충실히 사는 삶의 여정을 시작하라

— 조지프 코터Joseph Cotter는 어린 시절부터 지독히도 걱정이 많았다. 온갖 걱정이란 걱정은 달고 살았으며, 매우 드물게 걱정거리가 없을 때도 혹시 무언가를 잊고 있는 것은 아닌지 걱정할 정도였다. 그러던 어느 날 코터는 자신의 사고 체계에 심각한 문제를 느끼고 새로운 삶의 방식을 꿈꾸기 시작했다. 그러려면 자신의 머릿속을 분석해 볼 필요가 있었고, 그 결과 지나치게 걱정하는 까닭을 명확히 알 수 있었다. 코터는 어제의 실수를 후회하기 바빴고, 아직 오지 않은 내일의 수만 가지 위험을 두려워했다. 오늘을 충실하게 사는 것만이 걱정을 없애고 의미 있는 삶을 꾸리는 방도임을 이성적으로는 이해했지만, 마음가짐을 바꾸기란 쉽지 않았다.

그런 코터에게 깊은 영감을 불러일으킨 사건이 발생했다. 친구를 배웅하러 나간 기차역에서 출발 대기 중인 열차를 지켜보던 때였다. 열차 전방의 신호등이 황색에서 녹색으로 바뀌는 순간

출발을 알리는 방송이 역내에 울려 퍼졌고, 몇 초 뒤 거대한 열차는 굉음을 내며 지체 없이 나아가기 시작했다. 그리고 코터는 생각했다. 자신이었다면 눈에 보이는 모든 신호가 녹색으로 바뀔 때까지, 아니 행로에서 예상되는 모든 신호가 녹색으로 바뀐다는 확신이 있어야만 출발했을 것임을. 그것은 불가능한 일임에도 자신이 그런 방식으로 살아가고 있었다는 사실을 깨달았다. 그 일을 계기로 코터는 자신만의 '녹색 신호등'을 찾았다. 일어나지도 않은 일을 미리 걱정하거나 지난 일을 후회하기보다는, 눈앞에 켜진 신호를 믿고 그날그날을 충실히 사는 삶의 여정을 시작한 것이다.

C A R N E G I E

022

오늘 닦아야 할 접시만을 떠올려라

— 윌리엄 우드William Wood 목사는 몇 해 전 잠을 이룰 수 없을 만큼 심한 위통에 시달렸다. 통증이 극심한 데다 부친을 위암으로 잃은 가족력까지 있었던 터라, 병원을 찾아 정밀 검사를 받았는데 결과는 의외였다. 심인성 통증이라는 진단이 내려진 것이다.

사실 우드 목사는 교회의 온갖 일들을 도맡고 있어 언제나 긴장과 중압감 속에 생활했으며, 그만큼 걱정 또한 많았다. 우선 의사의 권유에 따라 일과 마음의 부담을 줄이고 긴장을 풀기 위해 노력했지만, 완전히 편안해지기는 말처럼 쉽지 않았다. '불필요한 걱정들을 왜 머릿속에서 내보내지 못하는 것일까'에 대한 답을 찾던 우드 목사는, 어느 날 설거지를 하면서 즐겁게 노래를 흥얼거리는 아내의 모습을 보고 불현듯 깨달았다. '아내가 18년 전 결혼했을 때, 앞으로 닦아야 할 모든 접시의 양을 떠올렸다면 완전히 질리고 신경 쇠약에 걸렸을지 몰라. 그랬다면 저렇게 콧노래를 부르며 설거지하지도 않았겠지. 하지만 그녀는 오늘 닦을 접시에만 온전히 집중하기에 설거지도 즐기며 할 수 있는 거야.'

그제야 우드 목사는 자신이 얼마나 어리석게 지내왔는지 실감할 수 있었다. 오늘 사용한 접시를 설거지할 때, 어제의 접시와 내일 닦아야 할 접시까지 마음속에 쌓아두고 걱정과 긴장에 매몰되었던 것이다. 그 후로 우드 목사가 걱정과 긴장으로 위통에 시달리는 일은 없었다.

C A R N E G I E

023

현명한 자에게는 매일이 새로운 인생이다

━ 《보물섬》을 집필한 영국의 소설가 로버트 루이스 스티븐슨Robert Louis Stevenson이 말했다. "어깨에 짊어진 짐이 아무리 무겁더라도 밤이 올 때까지라면 누구나 견딜 수 있다. 아무리 힘들지라도 하루 동안만이라면 일을 마치는 해질녘까지 기분 좋게, 참을성 있게, 성실하게 살아갈 수 있다. 그리고 이것이 바로 삶이 의미하는 전부다."

남편과 사별한 후, 의욕을 잃고 생활고와 지독한 외로움에 시달리다 극단적인 선택까지 생각했던 한 여성도 우연히 어떤 글을 읽고 절망에서 벗어나 살아갈 용기를 얻었다. "지칠 대로 지친 내 마음을 깊이 파고든 것은 '현명한 사람에게는 매일매일이 새로운 인생이다.'라는 말 한마디였습니다. 그 문장을 통해 어제를 잊고 내일을 두려워하지 않는 법을 배웠습니다. 한 번에 단 하루를 사는 거지요. 이제는 매일 아침마다 나 자신에게 말합니다. '오늘 하루가 새로운 삶이다.'라고."

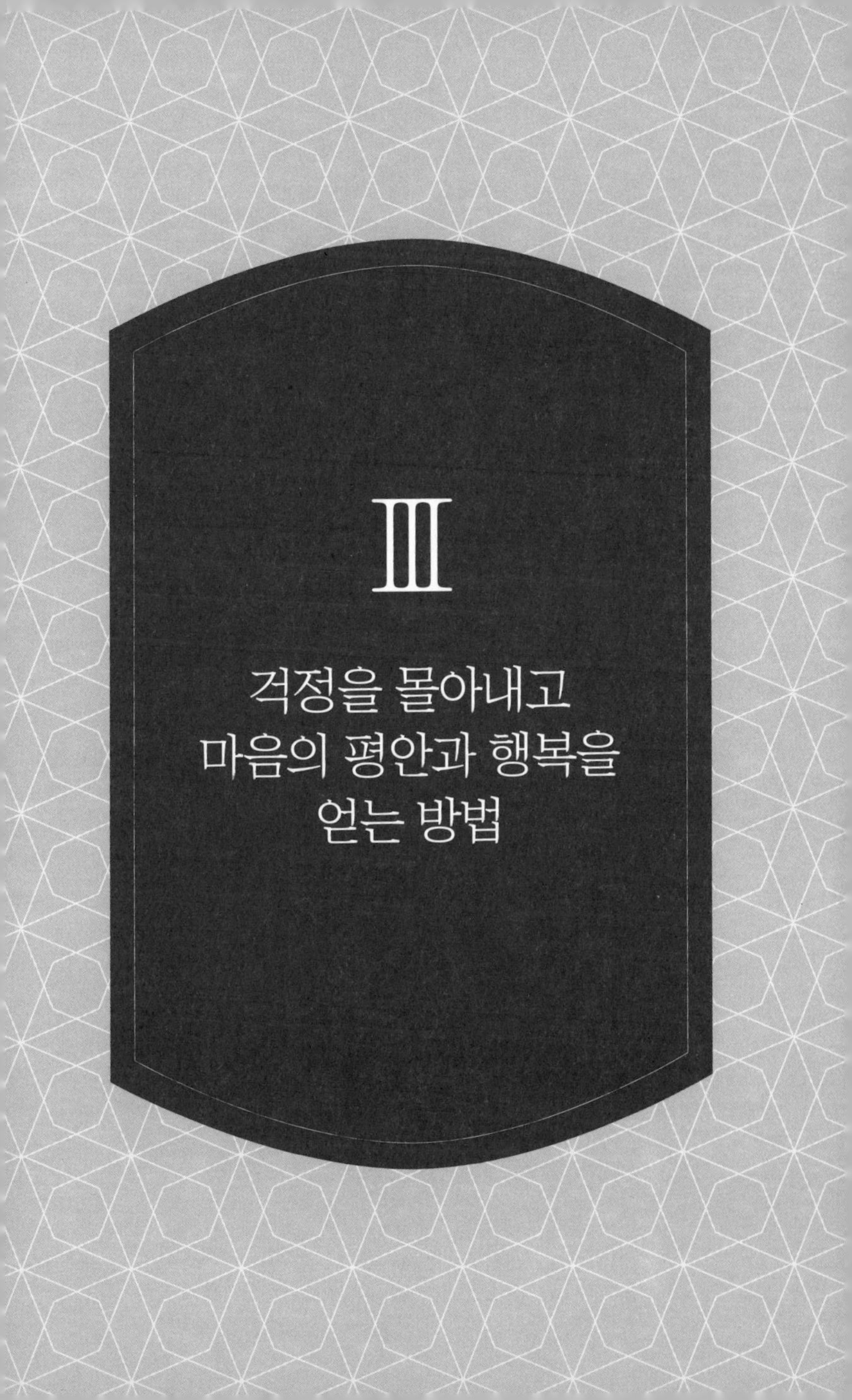

Ⅲ

걱정을 몰아내고 마음의 평안과 행복을 얻는 방법

우리 삶은
우리가 생각하는 대로
만들어진다

C A R N E G I E

024

마음을 성장시키는 단비를 내려라

— "우리 삶은 우리가 생각하는 대로 만들어진다."라는 로마 황제 마르쿠스 아우렐리우스Marcus Aurelius의 말은 1,800년 전이나 지금이나 유효하다. 매 순간 자신에게 되뇌는 긍정의 말은 용기와 행복, 자신감과 평화를 마음속에 키운다. 터무니없고 유치한 이야기로 치부하는 이도 있겠지만, 이것은 심리학에서도 뒷받침하는 사실이다. 매일 자신에게 용기와 활력을 북돋는 말을 건네자. 마음을 성장시키는 단비가 되어 내릴 것이다.

C A R N E G I E

025

걱정을 날려 버리는 챔피언의 원칙

세계 헤비급 복싱 챔피언을 지낸 잭 뎀프시Jack Dempsey는 지나치게 걱정하는 마음이야말로 자신이 마주한 어떤 복서보다도 벅찬 상대였다고 고백했다. "지나치게 걱정하는 마음에서 벗어나지 못하면, 체력도 투지도 모두 잃고 시합에서도 패배할 것임을 깨달았습니다. 그래서 스스로 정한 세 가지 원칙을 철저히 실천했지요."

챔피언의 원칙은 이러했다. "첫째, 시합 중 용기를 내기 위해 마음속으로 나를 격려하는 주문을 욉니다. 가령 '저 녀석의 펀치는 아프지 않다. 맞아도 앞으로 나아가라.'라고 스스로 일깨우지요. 긍정적인 말과 긍정적인 생각을 하는 것은 굉장한 힘이 됩니다. 둘째, 걱정하는 것은 아무 도움도 되지 않음을 나 자신에게 일깨웁니다. 걱정거리의 태반은 시합 전 훈련 기간에 찾아와요. 자려고 누운 상태에서 이런저런 일을 떠올리며 걱정한 나머지 한숨도 자지 못한 적도 있어요. 그러나 아무리 걱정

해봐야 이득은 없었고, 그 사실을 끊임없이 되새기며 걱정을 날려 버렸습니다. 셋째, 항상 기도합니다. 훈련하면서도 수없이 기도하며, 시합 중 라운드 사이에도 기도해요. 그로써 용기와 자신감이 솟아남을 느낍니다. 기도하지 않고 잠이 든 적은 한 번도 없어요."

CARNEGIE

026

소모적인 걱정은 망상일 뿐이다

— 나와 함께 일하는 퍼시 휘팅Percy Whiting은 잦은 질병과 지나친 걱정으로 스무 해 가까이 괴로움을 겪었던 나날을 이렇게 회고했다.

"극단적인 상황을 떠올리며 걱정하는 성향이 강했던 나는 다른 누구보다도 많은 병에 걸려 죽을 것 같았다. 약국을 운영한 아버지의 영향으로 보통의 사람보다 많은 병명을 알고 있었고, 어떤 병에 대해 걱정하기 시작하면 내리 한두 시간을 그것만 생각할 정도로 집착했다. 지나치게 걱정한 나머지 당장이라도 죽을 것 같은 기분을 수시로 느꼈고, 실제로 갖가지 병에 시달렸다. 지금은 웃으면서 말하지만 당시는 비극이었다. 일어나지도 않은 일에 대한 걱정으로 내 무덤을 파고 있었다. 새 옷을 살 시기가 되어도 어차피 곧 죽을 테니, 옷을 사는 건 돈 낭비일 뿐이라고 생각했으니 말이다.

하지만 지금은 그토록 걱정하던 성향이 완전히 사라졌다. 최근

십 년 동안은 죽을 것 같은 공포를 느낀 적이 한 번도 없었다. 늦게나마 나는 어떻게 걱정을 물리쳤을까? 나는 내 걱정을 마음껏 비웃기로 했다. '이십 년 동안 치명적인 병에 걸려 죽을 것 같다는 생각을 수없이 했지만, 결국 이렇게 보란 듯이 건강하다.'라고 생각하고 나니, 걱정이야말로 나의 망상일 뿐이었음을 뼈저리게 깨달았다. 해봐야 달라질 것 없는 소모적인 걱정, 그런 망상쯤은 웃어넘기자고 마음먹었다."

C A R N E G I E

027

바닥까지 떨어졌다면 올라갈 일만 남았다

▬ 소설가 호머 크로이Homer Croy는 쉰 살의 나이에 집이 경매에 넘어가고 일가족이 거리로 나앉는 시련을 맞았다. 불과 십수 년 전만 해도 자신의 소설이 영화화되면서 큰돈을 벌고 호화로운 생활을 즐겼던 그는, 어느 대부호가 부동산 투자로 큰 이익을 취했다는 소문을 듣고 무작정 집을 담보로 대출을 얻어 비싼 땅을 구매했다. 그러나 극심한 경기 침체로 부동산 시세는 폭락했고 무일푼이 되고 만 것이다. 뒤이어 집필한 소설은 실패했고 더욱 심한 경제난에 시달렸다. 급기야 전기와 수도가 모두 끊기고 집을 비워야 할 처지에 놓였다. 크로이는 이 모든 과정을 겪으며 극심한 스트레스와 걱정에 시달렸다. 잠을 잘 수도 없었으며 한밤중에 일어나서 밖을 배회하는 일이 빈번했다. 나락으로 떨어진 기분이었다.

절망 끝에 선 현실을 크로이는 어떻게 극복했을까? 간단했다. 그는 이렇게 마음먹고 걱정을 멈추기로 다짐했다. 그리고 단단히 마음을 추스렸다. "그래, 이제 밑바닥이야. 더 내려갈 곳이 없으니 이제 올라갈 일만 남았어."

과거의 영광을 되돌아보지 말고 처음부터 다시 시작하기로 자기 자신에게 약속한 것이다. 걱정과 후회에 소모하던 에너지를 일에 쏟아붓기 시작하자 상황은 조금씩 호전되었고, 작지만 아늑한 아파트로 이사를 갈 수도 있었다. 그 뒤로도 걱정과 불안으로 힘든 순간이 찾아오면 그는 마음속으로 되뇌었다. '더는 떨어질 데가 없다면, 올라갈 일만 남았다.' 그리고 이러한 불굴의 정신을 발휘하는 나날을 경험할 수 있었던 것에 지금은 감사하고 있다.

C A R N E G I E

028

과도한 책임감과 긴장에서 벗어나라

━ 영화 제작사 워너 브러더스의 홍보 담당 캐머런 쉽Cameron Shipp은 소속 스타들의 기사를 쓰며 자기 일을 즐기던 사람이었다. 그러던 어느 날 홍보부장으로 승진해 개인 사무실을 얻고 수십 명의 직원을 이끌게 되었다. 그는 마치 회사와 대스타들의 미래가 자신에게 달린 듯한 막중한 책임감과 긴장을 느꼈다.

그런데 승진 후 한 달이 지나지 않아 위궤양 증세가 나타났다. 일에 대한 중압감이 점점 커지면서 극심한 통증과 불안증이 찾아왔고, 지인의 권유로 유명 의사에게 진찰을 받기에 이르렀다. 검사를 진행한 후 의사는 쉽에게 진단 결과를 전했다. "몸에는 아무 문제가 없으므로 걱정할 필요는 없습니다. 다만 안정제를 처방해드리지요. 불편할 때마다 복용하면 편안해질 거예요. 부작용은 없으니 걱정하지 마세요. 사실 당신에게 이 약은 필요하지 않습니다. 필요한 건 걱정과 부담을 내려놓는 것이지요. 모든 증상은 과도한 걱정에서 비롯된 것이니까요."

쉽은 의사의 처방을 마음 깊이 새기고, 걱정과 불안을 멈추기 위해 노력했다. 당장은 쉽지 않았기에 힘들 때면 약을 먹었고, 실제로 도움이 되었다. 몇 주가 지나고 조금씩 차도가 보이기 시작하자 의지는 더욱 강해졌다. 마음가짐을 고치면 먹지 않아도 될 약임을 알고 있었기에 쉽은 계속 되뇌었다. '스타나 회사의 앞날이 나 하나로 좌우되지는 않아. 괜한 걱정하지 말라고.' 그리고 마침내 약 없이 편안히 지낼 수 있게 되었다. 쉽은 마음을 편히 먹고 걱정을 줄이도록 배려한 의사의 조언 덕분에 자신을 차분히 돌아볼 수 있었다. "마음가짐을 바꾸는 것이 그 무엇보다 중요하다는 사실을 사려 깊게 일깨워준 처방이었습니다."

C A R N E G I E

029

열등감에 매몰되지 않는다

열등감을 극복한 방법에 대해 미국 상원의원 엘머 토머스 Elmer Thomas는 이렇게 말했다.

"나는 열 다섯 살부터 열등감에 시달렸습니다. 큰 키에 비해 무척 말랐고 몸이 약해 운동을 해도 또래들에게 뒤처졌기 때문이지요. 그만큼 자주 놀림을 당했던 나는 부실한 몸을 비관하며 괴로워했습니다. 어머니는 내 마음을 헤아려 몸보다는 머리를 쓰는 사람이 되라고 말씀하셨지만, 우리 집은 형편이 넉넉하지 않아서 학교 진학조차 여의치 않았어요. 내 앞날은 내가 책임져야 한다는 사실을 알고 있었지요. 그래서 틈틈이 숲으로 가 사냥을 했고, 그렇게 번 돈으로 학비를 마련해 사범대학에 진학했습니다. 하지만 옷가지며 소지품이 남루해 다른 학생들 앞에 나서기가 창피했던 나는 외출보다는 방에 머물며 공부에 전념했어요.

그런 내가 걱정과 열등감을 완전히 떨치고 자신감을 가지게 된

데는 두 가지 계기가 있었습니다. 하나는 부단히 노력해 교사 자격증 시험에 합격한 일입니다. 타인에게 능력과 노력을 인정 받은 첫 경험이었지요. 그리고 인생의 전환점이 된 두 번째 사건은 용기 내어 참가한 변론대회에서 우승을 거두고, 신문에 수상 소식이 게재된 일입니다. 과거 나를 놀리던 친구들도 모두 축하를 건넸습니다.

열등감 속에서도 노력을 멈추지 않고, 내 능력을 믿고 도전함으로써 커다란 자신감을 얻을 수 있었습니다. 만약 열등감에 매몰되어 아무 노력과 시도조차 하지 않았다면, 인생의 패배자가 되었을지도 모릅니다."

C A R N E G I E

030

어제 서 있었기에 오늘도 꿋꿋이 설 수 있다

— 인생의 다양한 고난을 극복하는 일에 대해 저널리스트 도로시 딕스Dorothy Dix는 이렇게 회고했다.

"나는 극단적인 빈곤과 질병에 시달리며 살아왔어요. 누군가 어떻게 그러한 고난을 극복해 왔는지 묻는다면 '나는 어제 서 있었기에 오늘도 서 있을 수 있다. 내일 어떤 일이 일어날지는 생각하지 않는다.'라고 답할 것입니다. 인생의 많은 순간, 불안과 절망을 감내해야 했으며 언제나 내 한계를 넘는 맹렬한 노력을 쏟아야 했습니다. 삶을 돌이켜보면 깨진 꿈과 부서진 희망이 뿔뿔이 흩어진 전쟁터처럼 보이기도 해요. 나는 그 전쟁터에서 갈기갈기 찢겼지요.

하지만 나는 자신을 불쌍히 여기지 않고, 과거에 대해 눈물 흘리지도 않으며, 혜택받은 여성을 부러워하지도 않습니다. 주어진 삶을 꿋꿋이 살아온 덕분에 그녀들이 모르는 것을 알고, 눈물로 깨끗이 씻긴 눈을 통해 더 넓은 세상을 봅니다. 무엇보다

나는 괴로운 나날을 견뎌내며 유머 감각을 잃지 않으려고 했어요. 문제가 생겼다고 신경질적인 비명을 지르는 대신, 웃음으로 넘겨버릴 여유가 있다면 무엇도 두려울 것이 없었으니까요"

C A R N E G I E

031

절망의 자리에 용기를 심는다

— 나는 오랜 지인이자 동료인 해럴드 애벗Harold Abbott과의 대화에서 인상 깊은 경험담을 들었다. 삶의 고난과 걱정을 어떻게 극복하느냐는 질문에 그가 들려준 이야기다.

"과거에 나는 어떤 이와의 우연한 만남을 통해, 삶의 방식에 대해 십 년간 배운 것보다도 많은 것을 단 몇 초 만에 배웠습니다. 당시 나는 이 년간 운영하던 식료품점을 폐업하고 막대한 빚을 진 처지였습니다. 나는 온갖 걱정에 짓눌려 삶의 의욕을 완전히 잃은 채 터벅터벅 길을 걷고 있었지요.

그런데 저 앞에서 독특한 행색으로 다가오는 사람이 보였습니다. 그는 두 다리가 없어, 바퀴 달린 판자 위에 몸을 싣고 양손으로 땅을 밀며 움직이고 있었지요. 오르막을 오르기 위해 안간힘을 쓰던 그가 잠시 얼굴을 들었을 때 나와 눈이 마주쳤고, 그가 환하게 웃으며 인사를 건넸습니다. '안녕하세요! 날씨가 정말 좋아요.' 순간 머리가 멍해졌고, 곧이어 너무도 부끄러운 감정이 밀려들었습니다. 두 다리가 없는 사람도 저토록 당차고 즐겁게 인생을 살아가는데, 나는 자기 연민에 빠져서 뭘 하는 거지? 정신이 번쩍 들더군요. 나는 가진 것이 많은 행복한 사람이며, 삶을 바꿀 힘이 있다는 것을 깨달았습니다. 절망이 있던 자리에 용기가 들어섰고 의욕이 솟구쳤습니다. 그 길로 나는 옆 도시로 건너가 적극적으로 새 일자리를 구했고, 빚을 갚아나가며 새 삶을 시작했습니다."

C A R N E G I E

032

마실 물과 음식이 있으면 불평하지 않는다

― 에디 리켄배커Eddie Rickenbacker는 전쟁 중 임무를 수행하다 사고를 당해, 구명보트를 탄 채 삼 주 동안 태평양 한가운데를 표류한 경험이 있다. 나는 그에게 극한의 경험을 통해 얻은 교훈이 무엇이냐고 물은 적이 있다. 그의 대답은 간단했다. "그 경험으로 깨우친 것은, 필요할 때 마실 수 있는 깨끗한 물과 음식이 있다면 어떤 불평도 해서는 안 된다는 것입니다."

CARNEGIE

033
마음만은 더 나은 곳으로 가져갈 수 있다

— 아무리 애써도 나아지지 않는 형편 때문에 낙담하고 걱정에 빠질 때가 있다. 하지만 그런 순간일지라도 우리의 마음만은 더 나은 곳으로 가져갈 수 있다는 사실을 기억하자.

미국 역사상 손꼽을 만큼 유명한 인물들도 심각한 재정 상태로 곤란에 처한 바 있다. 조지 워싱턴George Washington과 링컨은 대통령 취임식에 참석하기 위한 여비조차 없어 돈을 빌려야 할 정도였다. 그들이 재정적으로 매우 빈곤했음은 틀림없다. 그러나 마음과 포부만은 누구보다 강인하고 풍요로웠으며, 고귀한 곳을 향했기에 낙담하거나 좌절하지 않았다.

사람들은 누구나 자신의 재정 상태를 염려한다. 그리고 어떤 이들은 아주 많은 재산을 소유하고도, 단순히 다른 누군가보다 덜 부유하다고 여기기에 괴로운 삶을 살기도 한다.

C A R N E G I E

034

부족하다고 생각하는 한 마음은 채워지지 않는다

━ 원하는 것을 소유하지 못했다고 해서 자기 원망과 걱정으로 스스로를 괴롭히지 말라. 로마의 철학자 세네카Seneca는 말했다. "자신이 가진 것이 불충분하다고 생각하는 한, 설령 세계를 손에 넣는다고 해도 마음은 채워지지 않는다."

CARNEGIE

035

성공적인 일에 의식을 향한다

— 걱정으로 머릿속이 어지럽고 마음이 괴롭다면, 잠시 멈춰서서 숨을 고르고 자문해보자. 나는 무엇을 걱정하는가? 이를 차근차근 구체적으로 정리해보면, 막연히 걱정했던 것보다 사소한 일임을 깨달을 것이다.

우리 인생 중 약 90%의 일은 별일 없이 순탄하게 흘러가며, 약 10%의 일은 문제에 부닥친다. 행복해지고 싶다면 성공적인 90%의 일에 의식을 향하고, 제대로 되지 않는 10%의 일을 머릿속에서 몰아내라. 그리고 만약 끊임없는 걱정으로 위궤양을 앓고 싶다면, 제대로 되지 않는 10%의 일에 의식을 집중하고 성공적인 90%의 일을 무시하라.

CARNEGIE

036

우리 삶에 주어진 모든 좋은 것들에 감사한다

— 영국의 수많은 교회에는 '생각하라. 그리고 감사하라.'라는 글귀가 새겨져 있다. 이 말은 우리 마음속에도 각인되어야 한다. 일상에서 우리에게 주어지는 모든 좋은 것들을 떠올려보자. 그리고 그 모든 것을 온전히 누릴 수 있음에 감사하자.

CARNEGIE

037

명랑하고 쾌활한 마음이 건강을 지킨다

━ 《걸리버 여행기》를 쓴 조너선 스위프트Jonathan Swift는 영문학 사상 가장 극단적인 염세주의자였다. 자신이 이 세상에 태어난 것을 슬퍼한 나머지 매년 생일에 검은 옷을 입고 단식을 했다는 일화가 있을 정도다. 그러나 그토록 세상을 비관했던 그도, 쾌활하고 행복한 마음가짐에 건강을 지키는 놀라운 힘이 있음을 인정했다. 스위프트는 이런 말도 남겼다. "세상에서 가장 뛰어난 명의는 식이요법과 안온함 그리고 쾌활함이다."

이 말을 가슴에 새겨보자. 명랑하고 쾌활한 마음을 품고 인생을 살아가는 것만으로도, 값을 매길 수 없는 엄청난 혜택을 누릴 수 있다.

C A R N E G I E

038

세상 최대의 비극

— 독일의 철학자 쇼펜하우어Schopenhauer가 적절하게 지적했듯이, 인간은 자신이 가진 것에 대해서는 거의 생각하지 않고, 가지고 있지 않은 것에 대해서 끊임없이 생각하는 경향이 있다. 그리고 이것이야말로 세상 최대의 비극이라 하겠다. 실제로 그러한 인간 본성이, 인류 역사에서 일어난 모든 전쟁과 질병보다 더 많은 불행을 초래했다고 해도 과언이 아니다.

CARNEGIE

039

가장 좋은 부분을 보는 습관

— "모든 일에서 가장 좋은 부분을 보는 습관은, 믿을 수 없을 만큼 높은 가치를 지닌다." 이는 처음부터 혜택받은 인생을 걸어온 사람이나 낙관론자의 주장이 아니다. 영국의 문학가 새뮤얼 존슨Samuel Johnson 박사가 이백 년 전 남긴 말이다. 그는 이십여 년 동안 온갖 불안과 고통, 굶주림을 견디고 마침내 당대 최고의 작가이자 평론가로 이름을 남긴 사람이다.

C A R N E G I E

040

무심코 지나친 많은 행복을 일깨운다

— 나의 친구 루실 블레이크Lucile Blake는 일상을 흔드는 충격적인 사건을 경험했지만, 자신에게 주어진 좋은 것들을 다시금 돌아보고 감사함으로써 한층 충만하고 활기찬 인생을 열었다.

"예전에 나는 정신 없이 바쁜 생활을 보냈습니다. 대중연설 수업을 지도하면서 대학교에서 공부를 병행했고, 마을의 음악 감상 교실도 운영했습니다. 사교 모임과 파티도 자주 즐겼지요. 그러던 어느 날 아침, 나는 쓰러지고 말았습니다. 의사는 절대 안정을 취하면서 일 년 정도는 요양해야 한다고 하더군요. 그러고도 완쾌될지는 알 수 없다는 소견이 더욱 절망스러웠습니다. 그동안 일궈 놓은 모든 것이 엉망이 된 채, 침대에서 죽음을 맞는 건 아닌가 하는 공포가 밀려왔습니다. 그런데 어느 날 병문안을 온 지인 한 명이 이렇게 말하더군요. '일 년 동안 침대에서 지내는 것이 비참하다고 생각하겠지만 절대 그렇지 않아요. 당신 자신을 차분하게 돌아볼 소중한 시간이 주어진 것이며, 정신적으로 훨씬 성장할 기회가 될 거예요.'

그 말이 옳았습니다. 나는 그동안 무심코 지나쳤던 많은 행복을 하나하나 자세히 들여다보았습니다. 사랑하는 딸과 함께 책을 읽는 것, 오랜 친구들에게 둘러싸여 일상을 나누는 것, 좋은 음악을 듣는 것, 신선하고 맛있는 음식을 먹는 것……. 내가 누리는 모든 좋은 것에 의미를 부여하고 감사하게 되었지요. 그 일 년의 요양 생활은 너무도 행복한 기억이 되었습니다. 몸을 쉬게 하면서 마음은 크게 풍요로워졌습니다. 삶의 가치를 다시 정립한 것이죠."

C A R N E G I E

041

문제의 수가 아니라 은혜의 수를 헤아린다

━ 실패에 대한 걱정과 불안에 사로잡혀 소중한 가정까지 잃을 뻔한 사람의 이야기다.

"군에서 제대한 직후 사업을 시작해 밤낮을 가리지 않고 일했습니다. 한동안 모든 일이 순조로웠지만, 갑자기 문제가 발생했습니다. 상황이 악화되어 사업을 접게 될지 모른다는 걱정까지 들었습니다. 나는 점점 예민하고 신경질적인 사람이 되었고, 항상 언짢아 있었습니다. 당시에는 깨닫지 못했지만, 가족들의 마음에도 상처를 입혀 파탄이 날 지경에 이르렀었지요.

그리고 어느 날, 사업장에서 일하던 한 퇴역 군인이 이런 말을 하더군요. '언제까지 세상 고민 다 짊어진 것처럼 굴 건가요. 문제를 안고 살아가는 건 당신만이 아니에요. 일이 제대로 되지 않으면 잠시 문을 닫았다가 상황이 좋아진 뒤 다시 열 수도 있어요. 당신은 감사해야 할 일이 많이 있는데 불평만 하고 있다고요. 나를 봐요. 팔은 하나밖에 없고 얼굴 반쪽은 총상으로 엉망이지만, 불평하지 않으려고 노력해요. 지금의 당신처럼 온종일 모든 일을 불평하고 걱정만 한다면 사업뿐 아니라 건강, 가정, 친구마저 잃고 말 거예요.'

정신이 번쩍 들더군요. 내가 얼마나 가진 것이 많고 행복한 사람인지 잊고 있었어요. 그 즉시 나는 변하기로 마음먹었고, 덕분에 소중한 가족과 친구를 지킬 수 있었습니다."

C A R N E G I E

042

인생에서 목표로 삼아야 할 것

비평가 로건 피어설 스미스Logan Pearsall Smith는 인생에서 잊지 말아야 중요한 지혜를 이렇게 표현했다.

"인생에서 목표로 삼아야 할 두 가지가 있다. 첫 번째는 원하는 것을 손에 넣는 것이며, 두 번째는 그것을 충분히 즐기는 것이다. 인류 중 아주 현명한 사람만이 두 번째 목표를 달성할 수 있다."

C A R N E G I E

043

놀랍고도 찬란한 세계를 살아간다

— 설거지하는 일조차 신비롭고 설레는 경험이 될 수 있다는 사실을 아는가? 대학교수이자 작가인 보그힐드 달Borghild Dahl은 자전적 이야기를 담은 책을 통해 그 같은 경이로운 경험을 소개하고 우리에게 특별한 용기와 영감을 전했다.

그녀는 오십 년 가까이 극히 제한적인 한쪽 시력만으로 살아왔다. 신경을 최대한 집중해야만 글자를 겨우 읽을 수 있었지만, 포기하지 않고 수많은 책을 탐독했으며 마침내 두 개의 학위까지 취득해 대학교의 강단에 섰다. 노력과 의지로 이룬 빛나는 성과였다. 달은 그 모든 것을 해내는 과정에서 동정받는 것을 거부하고 자기 연민에 빠지는 것을 경계했다. 마음속으로는 언젠가 시력을 완전히 잃어 어둠에 갇히지 않을까 두렵기도 했지만, 그 두려움을 이겨내기 위해 유난하다 싶을 정도의 쾌활한 자세로 삶을 마주했다.

그리고 그녀가 쉰둘이 되던 해에 기적이 일어났다. 유명 안과

에서 수술을 받고 시력을 회복한 것이다. 별안간 신세계가 눈 앞에 펼쳐졌다. 부엌에서 접시를 닦는 일조차 경이로운 체험이었다. 비누 거품은 총천연색의 무지개를 보여주었고 그녀는 그 모든 것에 기쁨과 감사를 느꼈다.

우리는 부끄러움을 느껴야 할지 모른다. 세상에 태어나 이처럼 놀랍고 찬란한 세계를 매일 누리며 살아가면서도, 마치 눈뜬장님인 양 아무것도 보려 하지 않고 오직 괴로움을 던지는 문제만을 보려 하고 있다.

CARNEGIE

044

우리 삶은 우리의 생각이 만든다

"온종일 생각하는 것, 그것이 바로 그 사람이다." 시인이자 철학자 랠프 월도 에머슨Ralph Waldo Emerson의 말이다. 인간이 그 외의 존재가 되는 것은 있을 수 없다. 내가 삶에서 배운 가장 큰 교훈 또한 우리의 생각, 마음가짐이 인생의 성패를 가른다는 것이다. 생각이 인생을 만들고, 운명을 결정짓는다. 그렇기에 우리의 최대 과제는, 건설적인 사고를 하는 것이라 확신한다. 만약 그럴 수 있다면 어떤 문제에 직면해도 해결의 실마리를 잡을 수 있다.

로마 제국을 통치한 위대한 철학자 마르쿠스 아우렐리우스도 "우리 삶은 우리의 생각이 만드는 것이다."라고 말했다. 말 그대로다. 행복한 생각은 행복한 인생을 만든다. 불행한 생각은 불행한 인생을 만든다. 병든 생각은 병을 부를 것이며 실패를 생각하면 실패로 이어질 것이다. 자기 연민에 빠지면 모두가 자신을 싫어할 것이다.

C A R N E G I E

045
문제를 걱정하지 말고 숙고한다

— 나는 무슨 문제든 가벼운 태도를 일관하면 된다고 주장할 작정은 아니다. 애석하게도 삶이란 그렇게 단순하지 않기 때문이다. 다만 부정적인 태도가 아니라 긍정적인 태도를 일관해야 함을 강조하고 싶다. 자신의 문제를 '숙고'해야 하지만 '걱정'할 필요는 없다. 숙고한다는 것은 문제의 본질을 이해함으로써 냉정하게 대처한다는 의미이고, 걱정한다는 것은 깊은 우울감과 좌절에 빠질 때까지 이리저리 문제를 떠올리고 괴로워한다는 의미다.

작가이자 방송인인 로웰 토머스Lowell Thomas는 거듭된 불운으로 파산하고 막대한 빚을 졌을 때에도, 자신을 덮친 문제를 냉정히 숙고하되 걱정에 파묻히지는 않았다. 그는 자신이 여기서 쓰러진다면 채권자를 포함한 모든 사람에게 무가치한 존재가 되는 것임을 알았다. 그래서 그는 매일 아침, 꽃을 사서 옷깃에 꽂고 당당하게 거리를 활보했다. 지금의 실패가 자신을 집어삼

키지 않도록 긍정적이고 용감한 사고를 하려고 힘썼고, 난관에 굴하지 않겠다는 결심을 다졌다. 그에게 좌절은 인생의 일부이며, 성공을 이루는 데 필요한 의미 있는 훈련이었다.

C A R N E G I E

046

마음이 육체에 미치는 영향

— 마음은 육체에 믿을 수 없을 만큼 강력한 영향을 미친다. 영국의 정신의학자 J. A. 해드필드J. A. Hadfield는 심리적인 암시가 근력에 미치는 영향을 알아보기 위해 세 명의 남성을 대상으로 실험을 실시했다.

먼저 남성들의 평상시 평균 악력을 측정했더니, 46kg이 나왔다. 그다음 '당신은 지금 근력이 매우 약하다'라는 암시를 걸고 악력을 측정하자, 평균 13kg이 나왔다. 평상시의 3분의 1보다 낮은 수치였다. 참고로 남성 중 한 명은 복서였는데 약하다는 암시를 받자, 팔이 마치 아기 것인 양 작아지는 느낌이 들었다고 한다. 마지막으로 남성들에게 '근력이 매우 강하다'는 암시를 걸어 악력을 측정하자 평균 64kg이 나왔다. 힘이 넘쳐흐른다고 생각한 것만으로도 1.5배 가까이 향상된 악력을 발휘한 것이다. 이처럼 믿기 힘든 놀라운 위력을 가진 것이 우리의 마음이다.

C A R N E G I E

047

마음이 지닌 무한한 잠재력

— 삶을 경험할수록 마음이 지닌 무한한 잠재력을 더욱 깊이 확신하게 된다. 삼십 년이 넘는 세월 동안 강연회와 교육을 진행하며 수많은 사람을 만나왔고, 180도 달라진 인생의 길을 연 사람들을 지켜보았다. 그들은 마음가짐, 즉 생각을 바꿈으로써 일상을 파괴할 정도로 극심했던 걱정, 불안, 스트레스를 몰아내고 갖가지 질병을 극복했으며, 꿈꾸던 인생을 개척하기 시작했다. 나는 경이적이라고 할 만한 긍정적 변화의 실례를 너무도 많이 보고 들었기에 놀라움을 넘어 확신을 느끼고, 마음의 힘을 믿지 못하는 이들을 볼 때 이루 말할 수 없는 안타까움을 느낀다.

048
자신의 마음을 다스릴 줄 아는 자

— 성경에는 다음과 같은 구절이 실려 있다. '마음속으로 생각하는 것, 그것이 바로 그 사람이다.' 그리고 '자신의 마음을 다스릴 줄 아는 자는 도시를 정복하는 자보다도 강하다.'라고도 쓰여 있다.

CARNEGIE

049

마음 그 자체가 세계다

━ 삼백여 년 전, 실명한 상태에서도 불후의 걸작 《실락원》을 집필한 영국의 작가 존 밀턴John Milton은 마음가짐이 인생을 좌우한다는 진리를 깨닫고 이렇게 말했다. “마음 그 자체가 세계다. 마음먹기에 따라 천국은 지옥이 되고, 지옥은 천국이 된다.”

나폴레옹과 헬렌 켈러가 밀턴의 통찰이 진실임을 증명한다. 나폴레옹은 누구나 갈구하는 영광과 권력, 부를 손에 넣었지만 결국 세인트헬레나섬에 유배되어 이렇게 한탄했다. “인생에서 행복한 날은 단 엿새도 되지 않았다.”

반면 앞을 볼 수도, 소리를 듣지도, 말을 할 수도 없었던 헬렌 켈러는 삶에 관해 이런 소회를 밝혔다. “인생은 참으로 아름답다는 것을 깨달았습니다.”

C A R N E G I E

050

마음의 평안을 가져올 수 있는 존재는 오직 자신뿐이다

━ 반세기 가까운 생을 살며 확신하는 것이 있다면, '인간에게 평안을 가져다줄 수 있는 것은 오직 그 자신뿐'이라는 사실이다. 이는 철학자 에머슨의 말과 일맥상통한다. "정치적 승리, 소득 증가, 건강 회복, 그리운 벗과의 재회 같은 외적인 사건들은 우리의 기분을 들뜨게 하고 앞으로 행복한 나날이 계속될 것이라는 기대감을 고양한다. 그러나 그것을 믿어서는 안 된다. 삶은 그런 식으로 이루어지지 않기 때문이다. 우리에게 평안을 가져올 수 있는 존재는 우리 자신뿐이다."

C A R N E G I E

051

잘못된 사고를 마음에서 내쫓는다

━ 고대 로마의 스토아학파 철학자 에픽테토스Epictetus는 육체에서 종양을 제거하고 고름을 짜내는 것보다, 잘못된 사고를 마음에서 쫓아내는 것에 의식이 향해야 한다고 말했다. 이미 천구백 년 전의 이야기지만, 현대 의학 또한 그 말을 지지한다. 존스 홉킨스 병원의 캔비 로빈슨Canby Robinson 박사는 "다섯 명의 입원 환자 중 네 명이 정신적 불안과 스트레스에 의한 증세로 고통받고 있다."라고 지적했다. 이는 기질성 질환도 종종 해당하는 문제다. 로빈슨 박사는 그 원인을 '삶에서 맞닥뜨리는 문제에 마음이 제대로 적응하지 못했기 때문'이라고 말했다.

C A R N E G I E

052

쾌활하게 행동하면 기분까지 밝아진다

"인간은 일어난 사건 자체보다 그에 대한 자신의 생각 때문에 더 큰 상처를 받는다." 프랑스의 위대한 철학자 몽테뉴Montaigne가 인생 지침으로 여겨온 말이다.

무슨 일이든, 그것을 어떻게 받아들이고 생각하느냐는 전적으로 자신에게 달려 있다. '온갖 골치 아픈 문제로 신경이 곤두서 있는 사람에게, 마음을 고쳐먹고 긍정적으로 생각하면 나아질 것이라는 팔자 좋은 주장을 하고 있는 건가?' 이렇게 생각하는 사람도 있을 것이다. 그렇다. 바로 그 말이다! 커다란 시련이 닥칠지라도 의지를 다잡고 노력한다면 괴로운 마음을 떨치고 일어설 힘을 낼 수 있다.

하버드의 저명한 심리학자 윌리엄 제임스 교수는 이렇게 말했다. "행위는 감정을 따르는 듯이 보이지만, 실제로 행위와 감정은 동시에 일어난다. 따라서 의지로 통제 가능한 행위를 조정하면 감정을 간접적으로 제어할 수 있다. 유쾌한 상태가 아널지라도 마치 즐거운 듯이 말하고 웃으면, 이윽고 감정까지도 즐거운 상태로 전환된다."

직접 시도해보자. 얼굴 근육을 움직여 미소를 짓고, 등을 펴고, 심호흡하고, 쾌활하게 노래를 불러보자. 행복과 기쁨을 연기하는 동안 암울한 기분이 옅어지는 것을 체감할 수 있을 것이다. 이것은 삶의 기적을 일으키는 진리 중 하나다.

C A R N E G I E

053

죽음에서 도망친 사람

— 한 남성이 과거 앓았던 질병의 합병증으로 심각한 고혈압을 진단받았다. 의료진은 남성의 혈압이 이미 치명적인 수치이며, 더욱 악화될 것이기에 마음의 준비를 하고 삶을 차차 정리해둘 것을 권유했다. 집으로 돌아온 남성은 가족에게 보험금이 문제없이 지급되도록 조치하는 등 몇 가지 중요한 일을 마치고 가족과 지인들에게 소식을 알렸다. 모두가 몹시 비통해했고 남성 역시 깊은 우울감에 빠져들었다.

속절없는 슬픔과 자기 연민 속에서 며칠을 보낸 어느 날, 남성은 문득 생각했다. '참 바보 같군. 어찌 되었든 아직 일 년 정도는 살 수 있을 텐데, 왜 지금 당장 죽을 듯이 비관적인 생각만 하며 시간을 허비하는 거지? 남은 시간만이라도 가족과 함께 행복한 시간을 보내야 하잖아!'

남성은 억지로라도 쾌활해지기로 마음먹었다. 어깨를 펴고 얼굴에 미소를 띄웠다. 아무렇지 않은 듯 밝게 지내는 게 처음에는 쉽지 않았지만, 점차 자연스러워졌고 그 행동은 생각지 못한 변화를 일으켰다. 우울하고 괴롭기만 했던 마음이 한결 밝고 가벼워진 데다 혈압도 훨씬 안정된 것이다. "좌절감에 빠져 죽음에 관한 생각만 하고 있었다면 절대 기대할 수 없는 변화였습니다. 하지만 나는 마음을 바꿨고, 그것이 지금 내 몸을 치유하고 있어요."

마음가짐을 바꿔 밝게 행동하려고 노력한 것만으로도 남성은 코앞으로 다가왔던 죽음에서 멀어질 수 있었다. 유쾌하고 건설적인 사고가 불러오는 힘에는, 우리 생각을 훨씬 능가하는 무한의 가능성이 담겨 있을지 모른다.

CARNEGIE

054

우리가 성취한 모든 것은 우리가 생각한 것의 직접적 결과다

— 내 삶에 깊은 영향을 미친 영국의 철학자 제임스 앨런 James Allen의 책에 이런 구절이 있다.

"당신을 둘러싼 사물과 사람에 대한 '생각'을 바꾸면, 모든 사물과 사람이 변화하는 것을 실감할 것이다. 사고를 근본적으로 바꿈에 따라 삶의 실재적인 상황이 급속도로 변화하는 것에 놀랄 것이다. 인간은 원하는 것을 끌어당기는 것이 아니라, 자기 안에 있는 것을 끌어당긴다. 인간이 성취한 모든 것은 그가 생각한 것의 직접적인 결과다. 인간은 오로지 자기 생각을 통해 발전하고, 극복하고, 성취할 수 있다. 생각의 변화와 고양을 꾀하지 않는다면 언제까지나 약하고 비참한 채로 남을 수밖에 없다."

C A R N E G I E

055

공포를 투지로 바꾼다

— 심리학자 윌리엄 제임스의 말을 기억해두자.

"우리는 재앙이라고 불리는 것의 대부분을 축복해야 할 행복으로 바꿀 수 있다. 괴로워하고 두려워하는 마음가짐을 투지로 변화시키기만 해도 가능하다."

행복을 손에 넣기 위해 싸워야 하지 않겠는가?

056

행동이 생각의 변화를 이끈다

— 성경의 창세기에 따르면 조물주는 인간에게 세상의 지배권을 주었다. 이것은 실로 강대한 선물이다. 그러나 나는 그런 특권에는 흥미가 없다. 내가 원하는 것은 나 자신을 지배하는 일뿐이다. 내 생각을 지배하고, 나의 공포심을 지배하고, 나의 마음과 정신을 지배하고 싶다. 그리고 놀랍게도 그것은 언제든지 가능하다. 그저 나의 행동을 제어하기만 하면 된다. 행동을 제어하면 생각도, 마음가짐도 변화하기 때문이다.

057

사소한 일에 연연하기에 인생은 너무나 짧다

━ 우리가 사소한 문제로도 쉽게 짜증과 분노, 고민에 빠지는 까닭은, 그 문제를 과대평가하기 때문이다.

"작은 일에 연연하기에 인생은 너무나 짧다." 영국의 정치가 벤저민 디즈레일리Benjamin Disraeli의 말이다. 프랑스 작가 앙드레 모루아Andre Maurois는 이 명언 덕에 괴로운 경험들을 극복할 수 있었다고 고백했다. 그리고 그 이유를 이렇게 설명했다.

"우리는 종종 잊어버려야 하는 하찮은 일에 정신을 빼앗기기 쉽다. 하지만 잘 생각해보자. 우리는 앞으로 고작 몇십 년밖에 살지 않는다. 그런데 나는 물론 누구라도 일 년만 지나면 기억에서 지워버릴 일을 온종일 고민하고, 절망하고, 불평하느라 귀중한 시간을 낭비한다. 그것이 우리가 원하는 것인가? 숭고한 신념, 진실한 사랑, 가치 있는 일에 소중한 시간을 할애해야 하지 않겠는가? 사소한 일에 연연하기에 우리 인생은 너무나도 짧다."

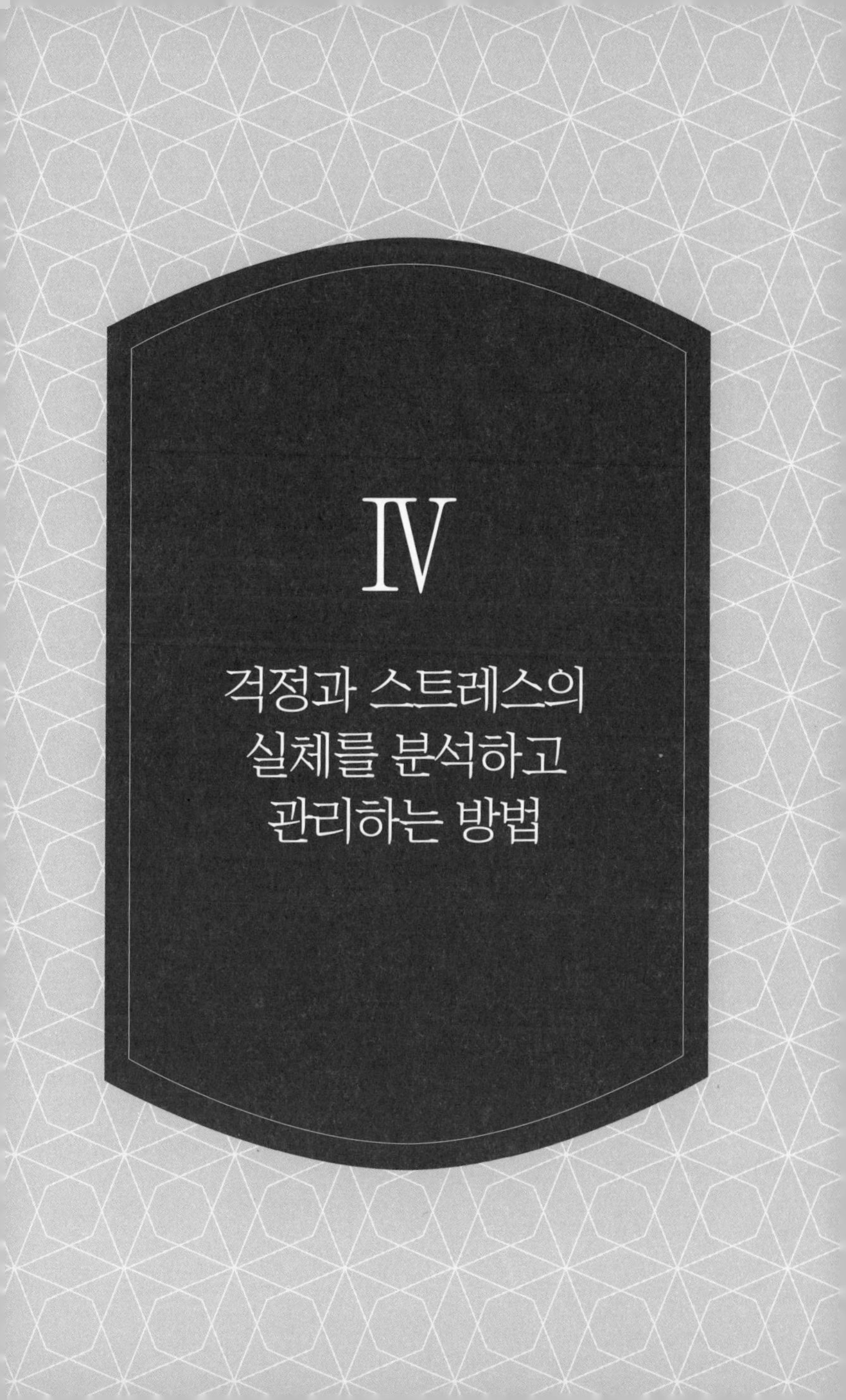

Ⅳ

걱정과 스트레스의 실체를 분석하고 관리하는 방법

걱정의 본질을
직시하고, 받아들이고,
행동하라

CARNEGIE

058

걱정으로부터 자유로워지는 방법

━ 걱정에서 자유로워지는 효과적인 방법을 알고 싶은가? 에어컨을 발명한 윌리스 캐리어Willis Carrier의 방식을 참고하자.

"젊은 시절 나는 큰 실패를 경험한 뒤, 걱정에 사로잡혀 불면증까지 생겼다. 그러던 어느 날 걱정을 극복할 획기적인 방안을 강구했고, 삼십 년 넘게 적극 활용하고 있다. 매우 간단해서 누구라도 실행할 수 있는 이 방법은 다음 세 단계로 이뤄진다.

1단계, 일어날 수 있는 최악의 상황을 구체적으로 떠올린다.

2단계, 필요하다면 그 상황을 마음속으로 받아들일 준비를 한다.

3단계, 최악의 상황을 개선하기 위한 방법을 찾아 실행한다.

실패를 겪을지라도 그로 인한 최악의 상황을 구체적으로 예상하고, 받아들일 마음의 준비를 하는 것. 그리고 가능한 선에서 상황을 개선할 방법을 떠올려 행동에 옮기는 명료한 과정은, 상황을 악화시킬 뿐인 걱정으로부터 자유로워지고 문제 해결에 집중할 수 있는 최고의 방법이다."

C A R N E G I E

059

최악의 상황을 각오하면 잃을 것이 없다

— 중국의 작가이자 문화평론가인 린위탕林語堂은 "진정한 마음의 평안은 최악의 상황을 받아들이는 것에서 시작된다. 이는 심리학적으로 에너지의 발산을 뜻한다."라고 말했다. 그렇다. 최악의 상황을 각오하고 그것을 받아들일 수 있다면, 더는 잃을 것이 없다. 어쩌면 홀가분하기까지 할지 모른다. 그리고 잃을 것이 없다는 것은 이제부터 얻는 일만 남는다는 뜻이다. 단순한 이치다.

그러나 여전히 많은 사람이 실패라는 사건에 매몰되어 분노와 좌절감에 사로잡히고 인생을 망친다. 원인은 그들이 최악의 상황을 직면하려 하지 않기 때문이다. 문제를 외면함으로써 개선할 방법을 행동으로 옮기지 못하기 때문이다. 그들은 삶을 다시 일으켜 세우기 위한 노력을 뒤로 한 채, 자신의 고통스러운 경험에 점점 더 깊이 함몰된다.

CARNEGIE

060

분석하고 결단하고 행동하라

— 아시아에서 활동하며 대성공을 거둔 미국인 기업가 갈렌 리치필드Galen Litchfield는 근심과 불안을 해소하고 성공을 거둘 수 있었던 비결에 대해 이렇게 말했다.

"망설이고 걱정하는 시간을 줄이고 확고히 결단하는 것은 매우 중요하고 가치 있는 일입니다. 어떤 결론도 내리지 못한 채 다람쥐 쳇바퀴를 돌 듯 걱정을 거듭하다 보면, 신경 쇠약에 걸리고 삶은 더욱 고단해집니다. 명쾌하고 분명한 결정을 내리는 것만으로도 우리를 괴롭히는 걱정의 50%가 사라지지요. 그리고 그 결정을 실행에 옮기기 시작하는 것만으로도 남은 걱정의 40%를 덜 수 있어요. 그래서 저는 결정을 내리고 행동으로 옮기는 네 단계의 과정을 밟음으로써 걱정의 90%를 해소합니다."

리치필드가 밝힌 네 단계 과정은 바로 이것이다.

'1단계, 지금 걱정하고 있는 일을 자세하고 정확하게 적는다.

2단계, 그 일에 관해 내가 할 수 있는 일을 적는다.

3단계, 그중에서 무엇을 실행할 것인지를 결정한다.

4단계, 결정한 바를 즉시 행동으로 옮긴다.'

리치필드의 비법이 효과를 발휘하는 이유는 네 단계의 명확한 과정을 통해 문제의 핵심에 바로 접근할 수 있기 때문이다. 효율적이고 구체적인 사고 없이, 불안과 걱정으로 문제를 곱씹기만 하는 것은 정신적 · 육체적 에너지를 고갈시킨다. 그리고 일단 무언가를 하는 것이 중요하다. 행동하지 않는 한 어떠한 분석도 의미가 없다. 그것 역시 단순한 에너지 낭비다.

C A R N E G I E

061

결정을 내린 뒤에는 뒤를 돌아보지 말라

— 결정을 내렸다면 우물쭈물 망설이지 말라. 판단을 의심하기 시작하면 또 다른 의심들이 줄을 이을 것이다. 심리학자 윌리엄 제임스는 "일단 결정을 내렸다면 행동하는 일만 남았다. 그 결과가 어떨지에 대한 생각이나 불안은 잊어라."라고 말했다.

석유 사업으로 성공을 거둔 기업가 웨이트 필립스Waite Phillips도 결정한 사항을 신속히 실행하는 것의 중요성을 강조했다. "닥친 문제를 지나치게 오랫동안 고민하는 것은 필요 이상의 걱정과 혼란을 초래한다. 신중하게 숙고하는 과정은 당연히 필요하지만, 과도할 경우 오히려 유해할 수 있다는 의미다. 결정한 뒤에는 신속하게 실행하라. 뒤를 돌아보고 망설이지 말라."

C A R N E G I E

062

책상을 깨끗이 치운다

— 지금 당신의 책상 위에 갖가지 사안에 관한 서류가 어지럽게 놓여 있다면, 현재 처리해야 할 중요 안건만을 남기고 깨끗이 치우길 권한다. 이것은 효율적인 업무를 위한 첫걸음이다. 이 간단한 기준만으로도 업무 처리가 이전보다 훨씬 순조로워질 것이다.

몇 주 동안 한 번도 들여다보지 않은 서류가 방치된 채 자리를 차지하고 있는 책상은, 그 모습만으로도 스트레스를 유발하고 우울감을 심화한다. 미처리된 업무가 산더미처럼 쌓여 있는 것이 시각적으로 끊임없이 전달되면서 마음의 피로가 쌓이고, 혈압이 올라가며, 심혈관 질환이나 위궤양의 발병률이 높아진다.

펜실베이니아 의과대학원의 존 스토크스John Stokes 박사는 미국의학협회에서 주관한 대표자회의 논문에서 '끝없이 펼쳐진 일들로 인한 압박감은 정신을 병들게 하는 매우 큰 원인 중 하나'라고 지적했다.

C A R N E G I E

063

미루지 않고 신속하게 결정한다

— 저명한 정신의학자 윌리엄 새들러William Sadler는 신경 쇠약 직전의 한 남성이 책상을 깨끗이 정리한 것만으로도 건강을 회복한 예를 소개했다. 대기업 임원인 그는 업무 스트레스 때문에 건강이 극도로 악화되는 것을 느끼고 새들러를 찾았다. 새들러는 당시의 상황을 이렇게 전했다.

"본격적으로 남성과 상담을 시작하려는 찰나에 전화가 울렸습니다. 병원에서 온 전화였는데, 나는 답변을 미루지 않고 그 자리에서 빠르게 내용을 파악한 뒤 결론을 내려주었습니다. 그리고 다시 동료 의사의 문의가 두 차례 이어졌는데, 긴급한 용무라 거듭 양해를 구하고 통화를 하며 의견을 전달했지요. 통화를 마친 후 나는 상담이 지연된 것을 정중히 사과하려고 했습니다. 그런데 남성은 의외로 밝은 표정이었고, 곧 이렇게 말하더군요. '박사님의 행동을 지켜본 십 분 동안 내 문제의 본질을 알았습니다. 지금 당장 업무 습관을 고쳐야겠다는 것을요.' 그는 마지막으로 나의 책상 서랍 속을 보여달라고 청한 뒤 돌아갔습니다. 물론 서랍에는 꼭 필요한 물건만 들어 있었지요."

그길로 사무실로 돌아간 남성은 책상과 보조 책상까지 차지하며 높이 쌓여 있던 서류들을 대대적으로 정리했다. 대부분은 명백한 이유 없이 결정을 보류하거나 그저 치우지 않은 자료들이었다. 그는 다시 서류가 쌓이지 않도록 가능한 한 그때그때 결정을 내리고 신속하게 일을 마무리 지었다. 일을 미루지 않는 데 집중한 것이다. 산처럼 쌓여 심적인 압박과 긴장을 주는 요인이었던 서류 더미가 정리되면서 책상은 말끔해졌고, 남성을 괴롭히던 신경 쇠약 증상도 함께 사라졌다.

C A R N E G I E

064

혼자서만 권한과 책임을 떠안지 말라

— 많은 사업가가 권한과 책임, 업무를 다른 이들에게 적절히 위임하지 못하고 홀로 감당하려는 경향이 있다. 이는 자기 자신을 심각한 위험으로 내모는 행위다. 중대한 결정부터 아주 세세한 일까지 모든 것을 떠안다 보면, 언젠가는 극심한 혼란과 부담감에 압도될 수밖에 없다. 불안과 걱정, 초조함이 항시 지속됨에 따라 정신적인 에너지가 빠른 속도로 고갈되고 육체의 건강도 무너진다.

권한과 책임을 타인에게 맡기는 것이 실로 어려운 일임은 분명하다. 나 역시 경험으로 잘 안다. 적임자를 선택하지 못하면 매우 끔찍한 결과를 낳을 수도 있다. 그렇다고 할지라도 권한의 안배는 반드시 필요하다. 사업을 크게 일으키고도 권한을 위임하고 조직화하는 능력이 부족해 극심한 긴장과 피로에 시달리다, 모든 것을 잃는 경우가 드물지 않다. 구체적인 사례가 궁금하다면 지금 당장 지역 신문의 부고란을 펼쳐 보라.

C A R N E G I E

065

피로를 막는 일은 걱정과 불안을 예방하는 일이기도 하다

— 걱정과 불안 그리고 피로를 예방하기 위한 제1 규칙은 단순하다. 바로 자주 쉬는 것이다. 가능하다면 피로를 느끼기 전에 휴식을 취해야 더 효과적이다. 걱정을 막는 방법을 소개하면서 피로를 예방하는 방법을 함께 말하는 이유는 무엇일까? 종종 피로가 부정적인 감정을 심화시키고 걱정을 유발하는 요인으로 작용하기 때문이다.

피로가 면역력을 떨어뜨려 감기나 그 외 질병에 취약하게 만든다는 것은 의학적으로도 입증된 사실이다. 정신의학적 관점에서도, 과도한 긴장과 피로는 걱정과 불안이라는 부정적인 감정에 대한 저항력을 약화하는 요인이다. 시카고 대학교 임상심리학 연구소의 소장을 역임했고 긴장 완화의 치료 효과를 오랫동안 연구한 에드먼드 제이콥슨Edmund Jacobson 박사는 '완벽하게 이완된 상태'에서는 걱정이나 불안 등의 감정적 상태가 존재할 수 없다고 밝힌 바 있다.

CARNEGIE

066

잠깐의 휴식이 회복을 돕는다

기업가 존 D. 록펠러John D. Rockefeller는 두 가지 특별한 기록을 수립했다. 하나는 유례를 찾아볼 수 없을 만큼 엄청난 부를 쌓아 올린 것이고, 다른 하나는 건강하게 98세까지 장수한 것이다. 이것이 가능한 데는 물론 유전적인 요인이 크겠지만, 다른 요인을 꼽자면 매일 30분간 사무실에서 청한 낮잠 습관을 들 수 있겠다. 그가 사무실 소파에 누워 낮잠을 자고 있을 때는 설령 대통령이라 할지라도 통화할 수 없었다.

다니엘 조슬린Daniel Josselyn 박사는 "휴식이란 아무것도 하지 않는 것이 아니다. 휴식은 회복이다."라고 말했다. 단 5분일지라도 피로 해소에 뛰어난 효과가 있으므로 그깟 낮잠이라고 얕볼 수 없다는 것이다. 메이저리그의 명감독 코니 맥Connie Mack 역시 시합 전에 낮잠을 거르면 5회쯤에 완전히 지쳐 버리지만, 단 5분이라도 낮잠을 자두면 연속 경기라도 피로를 느끼지 않고 경기에 임할 수 있었다고 한다.

C A R N E G I E

067

경이적인 능력의 비결

― 2차 세계대전 당시 영국의 윈스턴 처칠Winston Churchill은 5년간 총리직을 수행하면서 매일 16시간이라는 긴 시간 동안 정사를 돌보았다. 젊은 사람도 피로에 치여 감당하기 어려운 일을 육십 대 후반에서 칠십 대 초반의 나이에 거뜬히 해낸 것이다. 이처럼 놀라운 능력을 펼칠 수 있었던 비결은 무엇이었을까?

처칠은 매일 오전 11시까지 침대에 누워 보고서를 읽으면서 지시를 내리고 전화를 걸었으며, 중요한 회의를 열었다. 점심 식사 후에는 다시 침대에 누워 1시간가량 잠을 잤고, 저녁쯤 다시 침대로 가 2시간 정도 취침 후 오후 8시에 식사를 했다. 그리하여 한밤중에도 날카로운 판단력으로 중대한 결정을 내릴 수 있었다. 처칠은 피로에서 회복할 필요가 없었다. 매일 16시간씩 나랏일을 보면서도 철저한 자기 관리로 피로가 쌓이는 것을 미연에 방지했기 때문이다.

C A R N E G I E

068

과도한 걱정에서 벗어나는 방법

— 메이저리그의 명감독 코니 맥은 "과거에는 경기에서 한번 지고 나면 계속 패배할지도 모른다는 걱정 때문에 잠을 제대로 이루지 못했다. 만약 걱정하는 것을 멈추지 못했다면 난 이미 오래전에 죽었을 것이다."라고 말하며 걱정을 극복하는 자신만의 수칙을 밝혔다.

"하나, 걱정해도 아무런 이득이 없음을 이해한다. 둘, 걱정은 건강에 매우 해로움을 이해한다. 셋, 승리를 위한 계획을 세우는 데 집중하고 패배한 경기에 대해 괴로워하느라 시간을 허비하지 않는다. 넷, 경기에 지더라도 다음날까지 선수들의 실수를 지적하지 않는다(다음날에는 선수들에게 냉정하게 이야기할 수 있다). 또한 다른 선수들 앞에서 특정 선수를 질책하면 당사자는 반감이 생길뿐더러 협력 의지도 약해지므로 그러지 않도록 주의한다. 다섯, 흠을 들춰내지 말고 칭찬으로 선수들의 용기를 북돋는다. 여섯, 피곤할수록 걱정과 불안이 쉽게 생기므로 하루 10시간의 수면 시간을 지키고, 오후에도 낮잠을 잔다. 일곱, 항상 바쁘게 활동하는 것이 걱정을 없애고 장수할 수 있는 비결이라 믿는다. 나는 팔십 대이지만 걱정하지 않기 위해 지금도 일에 매진하며 바쁘게 살고 있다."

C A R N E G I E

069

걱정이 마음을 점유하지 않게 한다

── 호프 교회의 존 밀러John Miller 목사는 이렇게 회고했다. "몇 해 전, 나는 마음먹기에 따라 걱정과 근심을 얼마든지 없앨 수 있음을 발견했다. 걱정은 외부에 있는 것이 아니라 우리 내면에 있음을 깨달았기 때문이다. 그리고 시간이 대부분의 걱정을 저절로 해결해준다는 사실도. 실제로 우리는 일주일 전 자신이 무엇을 걱정했는지 떠올리지 못하는 때가 종종 있다. 그래서 나는 마음속에 걱정거리가 생기더라도 적어도 일주일이 지날 때까지는 그에 대해 진지하게 생각하지 않는다. 물론 문제를 완전히 잊어버리기는 힘들지만, 걱정이 내 마음을 온통 점유하지 않도록 노력한다. 그 결과는 놀라웠다. 문제의 90% 정도가 일주일 안에 자연히 해결되거나, 내가 마음가짐을 바꿈에 따라 특별히 고민할 필요가 없어졌다."

CARNEGIE

070

현실을 직시한다

— 대형 공장의 총괄 책임자로 근무하는 한 남성은 과도한 걱정과 불안을 떨쳐버리는 계기가 된 지난날의 사건을 이렇게 회고했다.

"17년 전 사관학교를 다니던 시절 나는 걸핏하면 앓아누웠습니다. 낮이건 밤이건 걱정을 달고 사는 매우 예민한 성격이었기 때문이지요. 시험에 낙제하지는 않을까, 건강이 더 나빠지지는 건 아닐까, 불면증이 낫지 않으면 어쩌지 등 온갖 문제를 걱정했어요. 돈이 없어서 애인을 사귈 수 없는 것도 걱정이었죠. 상태가 더욱 악화하려는 찰나, 어느 교수님과의 면담에서 나는 매우 중요한 이야기를 들을 수 있었습니다.

'자네는 현실을 직시할 필요가 있어. 걱정은 자네 스스로 만든 나쁜 버릇과 같다네. 걱정에 쏟는 힘과 시간을 문제 해결에 쏟으면 지금의 걱정거리는 그저 아무것도 아닌 듯 사라질 걸세.'

그러고는 걱정하는 버릇을 없애고 문제 해결에 에너지를 집중할 수 있는 방법을 알려주셨지요. 그 방법은 다음의 세 가지 법칙을 지키는 것입니다.

'첫째, 걱정하는 문제가 무엇인지 정확히 규정한다.

둘째, 문제를 유발한 원인을 파악한다.

셋째, 문제 해결에 도움이 되는 건설적인 행동을 즉시 실행한다.'

나는 이 단순 명료한 세 가지 법칙을 성실하게 따랐고, 놀랄 만큼 많은 고민을 말끔하게 해결할 수 있었습니다."

걱정의 실체와 원인을 제대로 바라보기를 회피한 채, 몸과 마음에 병을 키웠던 남성은 이제 거리를 두고 냉정히 문제를 분석함으로써 걱정을 멈추는 법을 배웠다. 그로써 자신이 원하는 진로로 나아가 성공을 이루었고 안정된 가정을 꾸릴 수 있었다.

CARNEGIE

071

지난 문제는 깨끗이 잊고 다음 문제에 집중한다

— 뉴욕 고등교육위원회의 이사장 오드웨이 티드Ordway Tead는 "걱정은 매우 나쁜 버릇이다. 나는 이 버릇을 오래전에 고쳤다. 내가 걱정을 멀리할 수 있었던 이유는 다음 세 가지 규칙을 엄수했기 때문이다."라고 말했다. 이번에는 그의 비결을 들어보자.

"첫째, 자기 파괴적인 불안에 빠지지 않도록 끊임없이 바쁘게 지낸다. 나는 세 개의 일을 겸임하고 있는데, 셋 모두가 온종일 신경 써야 하는 중요한 일이다. 대학교에서 강의를 하고 지역 고등교육위원회를 이끌고 있으며, 대형 출판사의 고문을 겸하고 있다. 이 일들을 해내다 보면 걱정할 틈이 없다.

둘째, 사고를 즉각 전환한다. 하나의 과제에서 다음 과제로 생각을 옮길 때는, 앞서 고민하던 문제를 마음 밖으로 남김없이 몰아낸다. 지난 문제를 깨끗이 잊어버림으로써 긴장을 풀고, 상쾌한 기분으로 눈앞의 문제에 집중할 수 있다.

셋째, 하루 일을 마치면 모든 문제를 잊는다. 매일 밤 해결되지 못한 문제를 집으로 가져와 걱정한다면 건강을 해치는 것은 물론, 본래 지녔던 문제 해결 능력까지 잃어버릴 것이다."

CARNEGIE

072
시간은 많은 것을 해결해준다

━ 시장 분석가 루이 몽땅Louis Montant은 걱정에 매몰되어 인생의 십 년을 잃었다. 십 대 후반부터 이십 대 후반에 이르는 젊고 빛나는 시기였다. 몽땅은 그 시기의 상실이 온전히 자신의 잘못임을 알고 있다. 당시 그는 일, 건강, 가족, 열등감 등 모든 것이 걱정이고 괴로움이었다. 항상 긴장과 두려움에 떨었고, 어떤 일도 제대로 풀리지 않아 여러 직업을 전전했다.

그러던 팔 년 전 어느 날, 몽땅은 마음을 짓누르는 걱정에서 벗어날 수 있었다. 그날 오후 몽땅은 자신이 떠안은 문제보다 훨씬 심각한 문제에 휘말렸던 남성의 사무실에 앉아 있었다. 남성은 무척 밝고 쾌활한 인물로, 실패란 것은 전혀 모를 듯한 얼굴이었지만 정작 이야기를 들어보니 세 번이나 파산한 경험이 있었다. 그는 보통의 사람이라면 재기 불능이 될 법했던 큰 시련을 잘 극복해냈으며, 그것을 가능케 한 비결을 말해주었다.

"걱정되는 일이 생기면, 대체 무엇이 걱정인지 종이에 자세히 적은 다음 책상 서랍에 이 주일 동안 넣어 두게. 이 주가 지나면 그 종이를 꺼내어 읽어보고, 그 일이 여전히 걱정된다면 다시 종이를 서랍에 넣고 이 주일간 가만히 내버려 두게. 그러는 사이 자네를 힘들게 한 많은 걱정거리가 자연히 사그라든다는 사실을 깨닫게 될 걸세."

시간은 많은 것을 해결한다. 인내심을 가지고 사안을 대한다면 지금 당신이 걱정하는 일도 자연스럽게 해결될지 모른다.

C A R N E G I E

073

휴식을 연습하라

— 어느 광고 제작자는 불과 반년 전까지만 해도 팽팽한 긴장 속에서 생활했다. 언제나 신경을 곤두세우고 조바심을 가졌다. 매일 밤 정신적으로 완전히 지친 상태로 집에 돌아왔지만, 스스로 뭐가 잘못된 것인지 알지 못했다. 그에게는 이렇게 말해주는 이가 아무도 없었다. '지금 당신이 하는 건 자살 행위나 다름없어요. 좀 느긋하게 살아도 아무 문제 없다고요.'

몸에 이상징후가 나타나서야 그는 유능한 신경정신과 전문의를 찾았고, 진찰을 마친 의사가 말했다. 긴장을 풀고 쉬어야 하며, 그렇지 않으면 서서히 죽어갈 것이라고. 그제서야 그는 휴식을 연습했다. 무조건 '빨리빨리'를 외치던 습관을 멀리하고 의식적으로 몸과 마음을 이완시키려고 노력했다. 수시로 호흡을 정리하고 여백의 시간을 가졌다. 결과는 어땠을까? 정신적인 피로와 걱정, 몸의 부진이 눈에 띄게 호전되었으며, 아등바등 일할 때보다 훨씬 안정된 성과를 거두었다.

C A R N E G I E

074

마음의 짐을 내려놓는 법

— 앞에서 소개한 윌리스 캐리어의 걱정 관리법을 실천함으로써 고뇌에 허덕이던 삶에서 벗어나 새롭고 멋진 나날을 보내고 있는 사람의 경험담을 들어보자.

"석 달 전 나는 괴로움과 걱정으로 잠을 자지도, 밥을 먹지도 못했습니다. 생지옥과 다름없는 삶에서 더는 버티지 못하리라 생각했어요. 나는 지나간 일을 계속 고민했고 내일 닥칠 위험을 두려워했습니다. 하지만 지금은 걱정에 대처하는 조언에 따라 마음가짐을 바꾸었고 안정을 찾았습니다. 내가 배운 최고의 비결은 오늘 할 일에 집중하고 그것을 재빨리 끝낸 뒤 후련해지는 것입니다. 만약 괴로울 정도로 큰 고민이 생기면 일어날 수 있는 최악의 상황이 무엇인지 자문하고, 그 현실을 받아들이려고 노력하지요. 그리고 상황을 조금이라도 개선하기 위해 내가 할 수 있는 일을 찾아봐요. 나는 그렇게 마음의 무거운 짐을 내려놓았습니다."

CARNEGIE

075

넓은 시야로 바라보라

― 경제학자 로저 뱁슨Roger Babson은 우울감과 번민이 밀려올 때, 그것을 한 시간 이내에 떨쳐버리고 낙관주의자가 되는 자신만의 방법을 가지고 있다. "우울하거나 비관적인 감정에 빠지려고 할 때는 일단 서재로 향한다. 역사책이 꽂인 책장 앞에서 눈을 감고 무작위로 책을 꺼내고는 아무 곳이나 펼쳐 읽기 시작한다. 어느 역사책이든 읽다 보면, 인류의 역사는 고뇌의 연속이며 문명 세계는 항상 격동의 시기를 지나왔음을 알 수 있다. 세계사는 어느 부분을 펼쳐도 전쟁, 기근, 빈곤, 역병 등의 잔혹한 현실로 넘쳐난다. 그렇게 한 시간가량 책을 읽다 보면 내가 처한 상황이 아무리 심각해도, 과거 그 어느 때보다는 훨씬 양호하다는 것을 깨닫는다."

떨쳐버리기 힘든 고민이 있다면 때론 역사책을 펼쳐 보라. 만 년이라는 넓은 시야로 상황을 바라보면, 지금 안고 있는 문제가 무한의 시간에서 얼마나 사소한 것인지 느낄 수 있을 것이다.

C A R N E G I E

076

고민을 나누고 마음을 정화한다

― 보스턴에서는 정서적 불안정과 괴로움을 호소하는 사람들을 위해 정기적인 심리치료 강좌를 열고 있다. 강좌의 의료 자문을 맡은 로즈 힐퍼딩Rose Hilferding 박사에 따르면, 마음을 짓누르는 괴로움의 무게를 더는 가장 좋은 방법은 '신뢰할 수 있는 누군가에게 고민을 털어놓는 것'이라고 한다.

"나는 그것을 '마음의 정화'라고 부릅니다. 상담할 때 환자가 고민거리와 괴로운 심리를 상세하게 털어놓고 조금이라도 홀가분해질 수 있도록 유도합니다. 혼자 고민하며 가슴에 담아두기만 하면 언젠가 심신의 병을 얻습니다. 우리 모두는 누군가와 고민을 나누어야 해요. 기꺼이 내 이야기를 경청하고 이해해주는 누군가가 곁에 있음을 실감하는 것은 매우 중요합니다."

나의 조수는 심리치료 강좌에서 그 예를 직접 목격했다. 가정 문제로 괴로움을 겪는 한 여성이 무척 어두운 표정으로 내원했는데, 심정을 털어놓는 동안 마음이 진정되어 상담 막바지에는 한결 밝은 표정을 짓고 있었다고 한다. 그녀의 문제가 해결된 것일까? 물론 그건 아니었다. 다만 마음을 열고 이야기를 들어주는 누군가에게 고민을 털어놓고 진실한 위로와 조언을 받음으로써 한결 편안하고 긍정적인 마음으로 바뀐 것만은 분명했다.

CARNEGIE

077

작은 노력으로 일상의 소소한 변화를 꾀한다

━ 보스톤 심리치료 강좌에서는 불안을 덜고 일상의 소소한 변화를 꾀하는 작은 습관으로 다음과 같은 활동을 권유한다.

첫째, 자신만의 '비법 수첩'을 만든다. 기분이 좋아지거나 용기를 북돋는 글귀, 마음에 드는 시를 수첩에 기록한다. 그리고 비 오는 날처럼 괜히 기분이 울적해지려고 할 때, 수첩에 적힌 나만의 주문을 읽으며 음울한 감정이 옅어지도록 자기 암시를 한다. 한없이 가라앉던 마음이 조금은 가벼워짐을 느낄 것이다.

둘째, 잠들기 전에 내일의 일정을 계획한다. 사람들은 매일 반복되는 업무, 끝이 보이지 않는 방대한 집안일을 떠올리며 피로감과 조급함에 시달린다. 이런 감정에서 벗어나는 좋은 방법은 할 일을 명확히 계획하고, 그에 집중하는 것이다. 매일 밤 다음날의 일정을 수첩에 적고 하나씩 차례로 실행하다 보면, 일에 허덕이며 시간에 쫓기는 듯한 압박감 대신 성취감과 자부심을 느낄 수 있다.

C A R N E G I E

078

몸과 마음을 이완시키는 습관

— 몸과 마음을 이완시키는 간단한 습관을 익혀 보자. 피로와 노화 방지에도 탁월한 효과를 발휘한다. 매일 꾸준히 실행하면 놀라운 변화를 경험할 수 있을 것이다.

하나, 피로를 느낄 때마다 바닥에 누워서 가능한 한 온몸을 쭉 편다. 뒹굴어도 좋다.

둘, 눈을 감고 다음과 같은 말을 되뇌며 감각을 연상해보자. '머리 위에 태양이 빛나고 있다. 하늘은 파랗고 환하게 빛난다. 대자연은 고요하게 세상을 감싸고 있다. 나는 자연의 일부로서 우주와 파장을 맞추며 숨 쉬고 있다.'

셋, 누울 수 없는 상황이라면 의자에 바르게 앉아 등줄기를 펴고 양손은 허벅지 위에 둔다. 발가락부터 천천히 힘을 줬다가 다시 힘을 푼다. 위쪽으로 올라가면서 몸의 근육을 차례로 긴장시켰다가 이완하는 방식으로 풀어준다. 목과 머리는 천천히 돌려준다.

넷째, 천천히 고르게 심호흡한다. 깊이 들이마시고 천천히 내쉰다. 날카로워진 신경을 진정시키는 최적의 방법이다.

다섯째, 얼굴 근육의 긴장을 푼다. 경직된 미간이나 입 주변을 의식하며 부드럽게 풀어준다.

C A R N E G I E

079

바쁠수록 여유를 갖는다

— 마음속에서 걱정을 몰아내기 위해 예일 대학교의 윌리엄 펠프스William Phelps 교수가 실천했던 다섯 가지 방법 중 하나는 이것이다. "나는 긴장한 상태로 서두르거나 성급하게 일하는 것은 일의 성패뿐 아니라, 개인에게도 매우 부정적인 영향을 미친다는 사실을 오래전에 배웠다. 그런 어리석음을 피하기 위해 네 차례나 주지사를 역임했던 윌버 크로스Wilbur Cross의 철학을 마음속에 되새긴다. '때때로 한꺼번에 해내야 할 일이 너무나 많을 때, 나는 의자에 편히 앉아 긴장을 풀고 담배를 태우며 한 시간가량 휴식을 취한다.'"

덧붙여 펠프스 교수가 말한 '걱정을 몰아내는 법'의 나머지 방법을 짧게 소개하자면, '열정과 기쁨을 느낄 수 있는 일에 몰두한다', '흥미로운 책을 읽는다', '땀 흘려 운동한다', '때로는 시간과 인내가 고민을 해결한다는 것을 믿고 넓은 관점으로 사안을 본다'로 요약할 수 있다.

C A R N E G I E

080

저절로 이뤄지는 성공은 없다

— 미국 역사상 가장 다재다능하고 현명한 위인으로 칭송받는 벤저민 프랭클린Benjamin Franklin은 매일 밤 진지하고 철저하게 반성하는 시간을 가졌다. 자신에게 열세 가지의 중대한 결점이 있음을 발견했기 때문이다. 그중 세 가지를 소개하면, 시간을 낭비하는 것, 사소한 일로 고민하는 것, 타인의 의견을 반박하고 언쟁하는 것이다.

프랭클린은 이 결점들을 고치지 않는 한 위대한 성공을 이룰 수 없음을 깨달았다. 그래서 매주 결점 하나를 골라 그것을 극복하고 이겨내기 위한 시간을 가졌다. 일주일 동안 결점을 고치기 위해 자기 자신과 싸웠고, 그 결과를 세세히 기록했다. 그는 이 고단하고 치열한 승부를 두 해가 넘도록 이어나갔다. 프랭클린이 미국에서 가장 영향력 있으며 사랑받는 인물로 추앙받게 된 것은 결코 저절로 이뤄진 일이 아니다.

CARNEGIE

081

실패를 분석하라

— 정규 교육도 제대로 받지 못하고 작은 상점의 점원으로 사회생활을 시작했지만, 탁월한 자기 관리와 부단한 노력으로 여러 대기업의 임원을 역임한 H. P. 하웰은 자신의 성공 비결을 이렇게 말했다.

"오래전부터 나는 하루 일과를 수첩에 기록해오고 있습니다. 그리고 토요일 밤이 되면 일주일간 내가 한 일을 돌아보고 철저한 분석과 평가를 내리지요. '어떤 실수를 범했는가? 어떤 점이 탁월했는가? 어떻게 하면 상황을 개선할 수 있는가?' 나 자신에게 자문합니다. 이 작업은 때때로 매우 불쾌한 감정을 불러일으킵니다. 내 잘못과 실수, 그로 인한 실패에 부끄럽고 실망스러운 적도 많았지요. 다만 세월이 흐르면서 실패는 줄어들었습니다. 철저한 자기 분석과 반성의 습관을 몇 년이나 지속한 것이 내가 성공을 이룰 수 있었던 가장 큰 요인입니다."

C A R N E G I E

082

실패의 책임이 자신에게 있음을 인정한다

— "나는 너무도 어리석었으며 수많은 실패와 잘못을 저질렀다." 이스라엘의 초대 왕 사울의 고백에 나는 깊이 공감한다. 나의 개인 서류함에는 'FTD'Fool Things I Have Done라는 제목의 서류철이 있다. 말 그대로 '내가 저지른 어리석은 일들'을 기록해 모아놓은 것이다. 비서를 통해 자료를 남기기도 하지만 비서에게조차 말 못하는 부끄러운 실패에 대해서는 직접 기록한다. 그것들을 다시 읽을 때마다 성공과 행복한 삶에 있어, 자기 관리가 최대의 과제임을 절실히 깨닫는다.

과거의 나는 당면한 문제와 걱정의 원인을 주변 탓으로 돌리곤 했다. 그러나 지금은 불행과 걱정의 원인이 결국 나 자신에게 있었음을 안다. 실각 후 섬에 유배된 나폴레옹도 이렇게 말했다. "내가 추락한 것은 나 자신 때문이며, 다른 누구의 탓도 아니다. 내 최대의 적은 나였으며, 결국 스스로 내 무덤을 팠다. 비참한 운명의 원인은 나 자신이다."

C A R N E G I E

083

도박은 절대 금물이다

― 돈에 관한 걱정을 덜기 위해 도박에 뛰어드는 것은 너무도 어리석은 짓이다. 나는 수십 대의 슬롯머신으로 사업을 하며 돈을 벌어들이는 사람을 안다. 그는 이기도록 고안된 기계를 이겨 보겠다며 재산을 탕진하는 사람들을 비웃는다. 내가 아는 유명 출판업자는 경마를 자세히 분석하고 연구한 끝에 이런 말을 남겼다. "정말 증오하는 적이 있어서 망하게 만들고 싶다면 그가 경마에 돈을 걸도록 유혹하게나."

카드 게임의 권위자이자 수학자, 통계학 전문가인 오즈월드 저코비Oswald Jacoby는 경마나 슬롯머신, 룰렛, 포커, 브리지 등에서 우리가 이길 확률을 수학적으로 계산한 책을 저술했다. 그 책을 자세히 읽는다면, 열심히 고생해서 번 돈을 도박에 쏟아붓는 사람이 어리석다 못해 가엾게 여겨질 것이다. 그만큼 보통 사람이 도박에서 이길 확률은 희박하다.

C A R N E G I E

084

돈에 관한 걱정의 실체

어느 잡지에 실린 칼럼에 따르면, 사람들이 골머리를 앓는 고민의 약 70%가 돈에 관한 것이라고 한다. 여론조사기관 갤럽을 설립한 통계학자 조지 갤럽George Gallup은 '사람들 대부분이 수입의 10%만 증가해도 돈 걱정이 사라질 것이라고 믿는다.'라는 조사 결과를 발표했다. 그 믿음이 맞는 경우도 있지만, 사실 그렇지 않은 경우가 월등히 많다.

자산 관리 전문가 엘시 스테이플턴Elsie Stapleton의 이야기를 들어보자. 그녀는 빈곤층에서 부유층까지 여러 사회 계층의 재무 상태를 오랜 기간 분석했다. "돈이 더 많아도 경제 불안을 해소하지 못하는 사람은 매우 많습니다. 실제로 소득 증가는 지출 증가로 이어지고, 걱정과 두통의 원인만 늘어나는 사례를 많이 봤습니다. 사람들이 걱정하는 이유는 돈이 충분하지 않아서가 아니라 돈을 관리하는 법을 모르기 때문입니다."

C A R N E G I E

085

불안과 두려움을 줄이는 재정 계획을 세운다

━ 돈에 관한 불안과 걱정을 더는 방법을 논하는 나를 보며, 어떤 이들은 "우리 같은 입장이 되어 보지 않았으니 그런 말을 하는 거지. 내 주급으로 한번 살아보라고 하고 싶군. 그럼 바로 생각이 달라질 텐데."라고 반발할지도 모르겠다. 하지만 나 역시 빈곤함 속에서 재정적인 불안을 안고 살아왔다. 농장에서 하루 10시간씩 중노동을 하며 지낸 적이 있는데, 보수는 시간당 단돈 5센트였다. 그 돈을 벌기 위해 온몸이 두들겨 맞는 듯한 피로를 견디며 매일 10시간을 일했다. 나는 욕실도, 수도도 없는 집에서 이십여 년을 산다는 것이 어떤 일인지도 잘 안다. 영하 15도의 침실에서 자는 것이 어떤 일인지, 교통비를 절약하기 위해 신발 밑창이 뚫릴 때까지 계속 걷고, 식당에서 가장 싼 요리만 찾는 것이 어떤 일인지도 안다.

하지만 그런 순간에도 나는 수입 중 아주 작은 금액이라도 꾸준히 저축하고자 애썼다. 불안과 두려움을 줄이기 위해서였다.

그 경험으로 깨달은 것은, 재정적인 불안과 걱정을 피하기 위해서는 기업이 하듯 개인도 계획을 세워야 한다는 사실이다. 소득 증가보다도, 지출을 계획하고 그 계획 대로 돈을 쓰는 것이 재정에 관한 불안감을 줄이는 데 훨씬 강력한 효과를 발휘한다.

CARNEGIE

086

사업 자금을 운용하듯 계획적으로 관리한다

— 나의 오랜 친구이자 대형 출판사의 임원인 레온 심킨Leon Shimkin은 많은 이들이 자신의 돈에 관해 이상할 정도로 무지하다고 말한다. "내가 아는 재무 담당자는 회사의 재정은 누구보다 빈틈없이 관리하지만, 자기 돈에 관해서는 정말 무책임할 정도로 계획이 없더군. 그는 급여를 받으면 충동구매를 하기 바빠. 며칠 뒤 통장에서 나가야 할 집세나 난방비 등은 생각하지 않더군. 만약 자신이 운영하는 회사의 돈을 그런 식으로 원칙 없이 무분별하게 관리한다면 바로 파산하고 말 걸세."
심킨의 비유는 매우 적절하다. 개인의 경제 생활도 마치 사업을 키워나가듯이 철저하게 관리해야 한다. 지출과 투자에 대한 계획을 냉철하게 세워 집행한다면, 재정적인 불안과 걱정을 크게 줄일 수 있을 것이다.

C A R N E G I E

087

지출 내역을 기록한다

— 영국의 소설가 아널드 베넷Arnold Bennett은 궁핍한 생활 속에서 창작에 몰두하던 시절, 동전 한 닢까지도 지출 내역을 장부에 기록했다. 장부의 효용성이 몹시 마음에 들었던 그는 좋은 작품으로 세계적인 명성과 부를 얻은 뒤에도 여전히 지출 장부를 기록했다. 이것은 대부호 존 록펠러도 마찬가지였다. 록펠러는 자기 전 기도를 하기에 앞서, 오늘 하루 돈을 어디에 썼는지 꼼꼼하게 확인하고 잠자리에 들었다고 한다.

우리도 지출 장부를 기록해야 한다. 단, 평생 기록할 필요는 없다. 재정 전문가들은 적어도 한 달, 가능하면 석 달 동안 모든 지출을 기록해 볼 것을 권한다. 이를 통해 자신의 돈이 어디로 가는지 정확히 파악할 수 있고, 그로써 현명한 소비 계획을 세울 수 있다. 자신이 기록한 내역을 보고 나면 아마도 상당수가 '평소 내가 이런 데다 이만큼이나 돈을 쓰고 있었던 거야?' 라고 깜짝 놀랄 것이다.

C A R N E G I E

088

불면증을 받아들인 사람

— 불면증으로 고민한다면, 다음의 이야기가 흥미로울 것이다. 국제변호사 새뮤얼 운터마이어Samuel Untermyer는 대학생이던 시절, 심한 천식과 불면증에 시달렸다. 여러 방법으로도 상태가 전혀 호전되지 않자, 그는 단호하게 다른 수단을 취했다. 불면증을 받아들이기로 한 것이다. 침대에서 밤새 뒤척이며 잠 못 이루는 것을 걱정하는 대신, 한밤중이든 새벽이든 일어나 앉아 공부에 전념하기 시작했고 그 결과 우수한 성적으로 졸업해 변호사가 되었다.

불면증은 여전했지만, 그는 여태껏 해왔던 대로 현실을 받아들이고 걱정은 접어두었다. 모두가 자는 시간에 책을 읽었고, 남들이 하루를 시작하는 시간에 하루 일의 절반 정도를 끝냈다. 항시 모든 것이 빨랐고 누구보다 많은 일을 해낸 그는 1931년 당시 가장 높은 변호사 수임료를 올리기도 했다. 주목할 점은 수면 시간이 극히 적었음에도 건강을 유지했다는 점이다. 운터

마이어는 평생 숙면한 적이 없었지만, 여든한 살까지 건강하게 장수했다. 만약 그가 불면을 걱정하고 그것이 미칠 악영향을 두려워하며 전전긍긍했다면 훨씬 이전에 건강을 해치고 일찍 세상을 떠났을지도 모른다.

CARNEGIE

089

불면증에 대한 걱정이 병을 키운다

— 불면증 자체보다는 불면증을 걱정하는 일이 훨씬 더 유해하다. 만성적인 불면증을 겪으며 극단적인 충동까지 느꼈던 한 여성은 이렇게 말했다.

“본래 나는 누구보다 숙면하는 사람이었습니다. 오히려 자명종 소리도 듣지 못할 만큼 깊은 잠을 자는 바람에 지각이 잦은 것이 고민이었지요. 내 걱정을 들은 한 친구가 자명종 시계에 의식을 최대한 집중하고 신경 써 보라고 권하더군요. 그것이 불면증의 시작이었어요. 온 신경을 시계에 쏟다 보니 잠이 아예 오질 않았어요. 그것이 두 달가량 이어지면서 고문 같은 피로와 불안을 겪었습니다. 몸을 많이 움직이면 잠이 올까 하여 몇 시간이나 집 안을 걸었고, 너무나 괴로운 나머지 창문에서 뛰어내릴까 진지하게 고민한 적도 있습니다.

그러다 오랫동안 알고 지낸 의사 선생님을 만난 후에야 해결책을 찾을 수 있었어요. 그 분은 내 이야기를 자세히 듣더니 말했습니다. '누구도 당신을 도울 수 없어요. 잠이 오지 않더라도 그것을 걱정하지 말고 잊어버리세요. 잠들지 못해도 괜찮다고 생각하세요. 아침까지 눈을 감고 누워서 그냥 쉬는 것도 좋다고 믿어보세요.' 나는 그 말을 최대한 따랐습니다. 그리고 놀랍게도 보름 후에는 마침내 잠들 수 있게 되었고, 한 달 후에는 8시간을 푹 잘 수 있었습니다. 나를 병들게 했던 것은 불면증이 아닌 불면증에 대한 나의 지나친 걱정이었던 것이죠."

C A R N E G I E

090

수면의 본질은 아직 밝혀지지 않았다

— 인간은 인생의 3분의 1을 잠으로 보내지만, 수면의 본질에 대해서는 아직 정확히 알지 못한다. 휴식 상태이자 자연적인 생리 현상 같은 것임을 알지만, 우리에게 필요한 수면 시간이 과연 어느 정도인지도 모른다. 수면 시간은 개인마다 크게 다르다. 명지휘자 토스카니니Toscanini는 하루 5시간밖에 자지 않았고, 캘빈 쿨리지Calvin Coolidge 대통령은 하루에 11시간 잠을 잤다. 토스카니니는 인생의 5분의 1밖에 잠을 자지 않았지만, 쿨리지는 인생의 절반가량을 잠으로 보낸 셈이다.

전장에서 머리에 관통상을 입은 폴 컨Paul Kern이라는 군인은 부상에서 회복한 후, 이상하게도 잠을 전혀 이룰 수 없었다. 의료진은 그가 오래 살지 못할 것이라고 진단했다. 그러나 모두의 예상을 깨고 직장까지 성실히 다니며 몇 년을 건강하게 지냈다. 컨은 누워서 눈을 감고 쉬었지만, 잠을 자진 않았다. 그의 사례는 수면에 대한 상식을 깬 의학적인 미스터리로 남았다.

C A R N E G I E

091

문제는 불면증이 아닌 지나친 걱정에 있다

— 수면 연구의 세계적인 권위자 너대니얼 클레이탄Nathaniel Kleitman 박사에 따르면 불면증으로 죽은 사람은 없다고 한다. 분명 불면증 때문에 체력이 쇠약해질 수는 있겠지만, 그 원인 역시 불면증이 아닌 지나친 걱정 탓일 가능성이 크다. 클레이탄 박사는 "불면증을 걱정하는 사람 대부분은 본인의 생각보다 훨씬 더 많은 잠을 잔다."라고 말했다. "어젯밤에 한숨도 못 잤어."라고 한탄하는 사람도 자신도 모르게 상당 시간 수면을 취하기도 한다는 것이다.

19세기의 유명한 사상가 허버트 스펜서Herbert Spencer는 자신의 불면증에 대해 늘 장황하게 떠들어서 주변 사람이 모두 알 정도였다. 그러던 어느 날, 그가 옥스퍼드 대학교의 한 교수와 같은 호텔 방에 묵게 되었다. 다음날 아침 스펜서는 '한숨도 못 잤다'고 말했지만, 실제로 한숨도 못 잔 것은 옥스퍼드 교수였다. 스펜서가 밤새 심하게 코를 고는 바람에 교수는 잠들 수 없었다.

092 숙면의 조건

— 숙면을 위한 첫 번째 요건은 안정감이다. 토머스 히슬롭Thomas Hyslop 박사는 영국 의사회에서 개최한 강연에서 이렇게 말했다.

"오랜 임상 경험으로 알게 된 사실은, 기도가 수면을 유도하는 데 매우 뛰어난 효과를 발휘한다는 것입니다. 규칙적으로 기도하는 사람에게 기도라는 의식은, 어지러운 마음을 가라앉히고 흥분된 신경을 진정시키는 가장 적절한 방법이기 때문입니다."

CARNEGIE

093

신경성 긴장으로부터 해방되는 방법

데이비드 해럴드 핑크David Harold Fink 박사는 신경성 긴장으로부터 해방되는 가장 좋은 방법은 '내 몸을 향해 긴장을 풀고 편안하게 있으라고 말하는 것'이라고 주장했다. 그에 따르면 '말'은 모든 종류의 최면에서 핵심적인 열쇠며, 만약 며칠 동안 잠을 이루지 못했다면 스스로 불면증이 되게끔 말을 했기 때문이라고 한다. 이 상태를 개선하려면 부정적인 자기 암시를 풀어야 하므로, 온몸의 근육을 향해 긴장을 풀라고 말해야 한다. 근육이 긴장하면 신경과 마음도 긴장하기 마련이므로 우선 근육의 긴장을 푸는 일부터 시작하자. 무릎 아래에 베개를 대어 다리의 긴장을 풀고, 팔 아래에도 작은 베개를 대어 팔의 긴장을 푼다. 그다음 턱, 눈, 팔, 다리를 향해 '긴장을 풀고 편안히 쉬라'고 말하면 저도 모르게 잠이 온다. 나는 실제로 이 방법으로 큰 효과를 보았다. 만약 잠이 오지 않는다면 꼭 시도해보길 권한다.

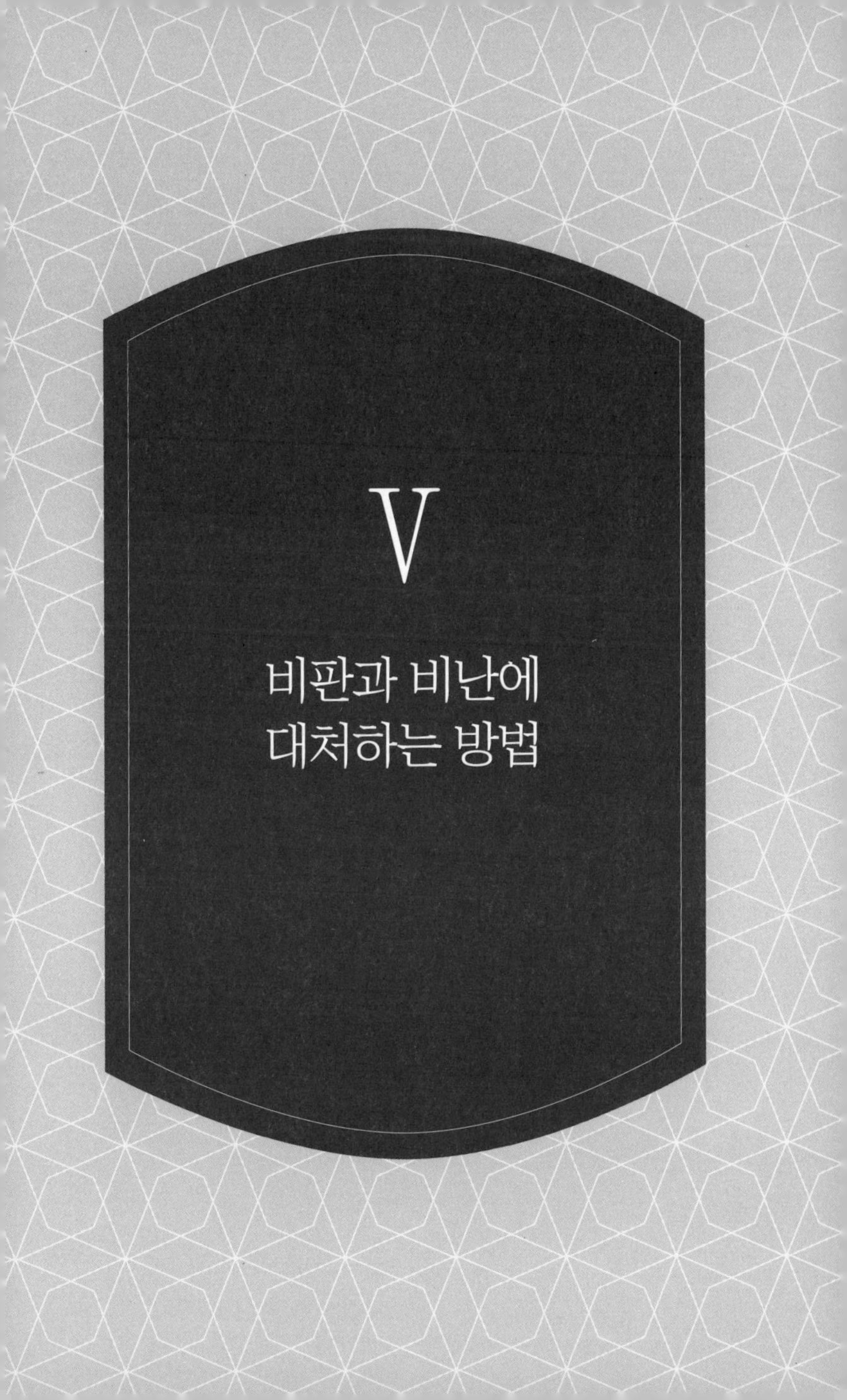

V

비판과 비난에 대처하는 방법

부당한 비판은
선망의 왜곡된 얼굴이다

C A R N E G I E

094

죽은 개를 발로 차는 사람은 없다

— 1929년 한 사건이 미국 교육계를 뒤흔들었다. 로버트 허친스라는 청년이 시카고 대학교 총장에 취임한 사건이었다. 그는 식당 종업원, 벌목꾼, 가정교사, 판매원으로 일하며 학비를 모아 예일을 다녔고, 대학 졸업 후 불과 팔 년 만인 서른의 나이에 시카고 대학교의 총장이 되었다. 대부분이 허친스보다 연장자인 교육 관계자들은 '지나치게 젊다', '경험이 부족하다'라며 강한 비판을 쏟아냈다. 언론도 일제히 공세를 퍼부었다.

그리고 취임식이 열리던 날, 누군가가 허친스의 부친에게 말했다. "아침 신문에서 허친스를 비난하는 사설을 읽었는데 정말 해도 너무하더군요." 그러자 허친스의 부친은 담담한 어조로 답했다. "분명 도가 지나친 비판이었지. 그러나 기억하게. 죽은 개를 발로 차는 사람은 아무도 없지 않은가."

그렇다. 보잘것없는 인물을 공격하는 사람은 없다. 사람들은 뛰어난 인물일수록 그를 공격함으로써 만족을 느낀다.

C A R N E G I E

095

위대한 인물을 헐뜯음으로써 기쁨을 얻는 사람들

나는 누군가를 맹렬히 비난하는 편지를 한 여성으로부터 받은 적이 있다. 구세군 창시자인 윌리엄 부스William Booth 목사가 빈곤한 사람들을 구제하기 위해 모금한 돈 중 일부를 사적으로 유용했다는 내용이었다. 물론 전혀 근거 없는 비방이었다. 여성은 자신보다 사회적 신망과 위엄이 두터운 인물을 헐뜯음으로써 기쁨을 느끼고 있었다. 악의로 가득 찬 편지는 부스 목사가 아니라, 편지 쓴 사람의 인격을 드러내고 있었다. 독일의 철학자 쇼펜하우어는 "저속한 사람들은 위대한 인물의 결점과 어리석은 행동에서 큰 기쁨을 얻는다."라고 말했다.

예일 대학교의 총장을 저속한 사람이라고 생각하는 사람은 거의 없겠지만, 티머시 드와이트Timothy Dwight 전 총장도 한 대통령 후보를 원색적으로 비난함으로써 기쁨을 얻었다. 드와이트는 부도덕한 후보로 인해 사회가 풍기 문란해지고 엄청난 혼란에 빠질 것이라며 막말을 쏟아냈다. 마치 히틀러 수준의 악인을 비난하는 말로 들릴 정도였는데, 그 공격의 칼끝은 누구를 향하고 있었을까? 무려 미국 독립선언문의 저자이자 민주주의의 수호자인 토머스 제퍼슨Thomas Jefferson을 향한 비난이었다.

C A R N E G I E

096

인간의 본성은 예나 지금이나 바뀌지 않는다

— '사기꾼, 살인자와 다를 바 없는 위선자'라고 혹평받은 미국의 정치인이 있다. 한 신문은 이 자가 군중의 지탄을 받으며 단두대에서 처형을 기다리는 풍자만화를 싣기도 했다. 도대체 그는 누구일까? 바로 미국의 초대 대통령 조지 워싱턴이다.

다만 이는 상당히 오래전 일이다. 그렇다면 이후 자신보다 뛰어난 사람을 무분별하게 비방하는 인간의 본성은 개선되었을까? 로버트 피어리Robert Peary 미 해군 제독의 예를 살펴보자. 그는 추위와 굶주림을 이겨내며 1909년 북극점에 도달해 세계를 감탄케 한 영웅이다. 그러나 그의 상관들은 생각이 달랐던 듯하다. 추위와 굶주림을 견디다 동상에 걸려, 양쪽 발가락을 절단하는 위험까지 감수한 피어리에게 쏟아지는 찬사와 영광을 시기했다. 부하인 피어리를 깎아내리고 싶다는 그들의 욕망은 너무나도 강했고, "피어리는 탐험이란 명목으로 조사비를 모금한 뒤, 북극에서 제멋대로 유용했다."라며 막무가내로 고발하기에 이르렀다. 그러나 다행히도 윌리엄 매킨리William McKinley 대통령이 피어리를 적극 지지함으로써 피어리는 북극 탐험을 이어나갈 수 있었다. 만약 피어리 제독이 해군에서 그저 편안하게 행정 업무에만 매진했다면 어땠을까? 북극에 도달해 위대한 탐험의 역사를 쓰고 영웅적 명성을 얻는 일도 없었을 테니, 상관들의 질투를 사는 일도 없었을 것이다.

C A R N E G I E

097

허영심을 채우려는 사람들

━ 영국 국왕 에드워드 8세가 황태자 윈저 공Duke of Windsor 이던 시절, 십 대의 어린 황태자는 해군 학교에 입학해 이 년간 교육을 받았다. 그런데 어느 날 윈저 공이 눈물을 흘리고 있는 모습을 한 장교가 발견해 사정을 물었다. 윈저 공은 처음에는 침묵했으나, 곧 동급생들에 괴롭힘을 당한 것을 털어놓았다. 사태의 심각성을 인지한 교장은 가해 소년들을 불러 "윈저 공은 처벌을 원하지 않았지만, 자초지종을 알아야겠네. 어째서 그를 괴롭힌 거지?"라고 추궁했다. 이런저런 변명과 거짓말을 늘어놓던 소년들은 엄하게 문책받자, 사실을 인정하고 고백했다. "언젠가 제가 해군 사령관이나 함장이 되었을 때 미래의 국왕을 괴롭힌 것을 자랑하고 싶었어요."

이것이 인간의 일면이다. 자신보다 지위가 높거나 성공을 거둔 이들을 보면, 누군가는 그를 공격하고 헐뜯음으로써 비뚤어진 만족감을 얻고자 한다.

C A R N E G I E

098

부당한 비판은 선망의 왜곡된 얼굴

— 만약 당신이 부당한 비판을 받고 고민에 빠진다면, 다음 두 가지 사실이 위안이 되길 바란다. 첫째, 부당한 비판은 대개 선망과 칭찬의 왜곡된 얼굴이라는 사실이다. 둘째, 아무도 죽은 개를 차지는 않는다는 사실이다.

미국 남북전쟁에서 맹활약을 펼친 율리시스 그랜트Ulysses Grant 장군은 오만한 상관들의 시기와 질투 때문에 한때 지독한 곤경을 겪었다. 1862년 북군을 지휘한 그랜트 장군은 결정적인 승리를 거두어 영웅이 되었고, 민중의 갈채를 받았다. 그런데 그 후 6주가 채 지나지 않아 그는 갑작스럽게 체포되었고 군의 지휘 자격을 박탈당하는 처지에 놓였다. 그랜트 장군은 모욕감과 절망감에 눈물을 흘렸다. 어째서 큰 공을 세운 그가 갑자기 체포되었을까? 바로 오만한 상사들의 질투를 불러일으킬 만큼 뛰어난 인물이었기 때문이다.

C A R N E G I E

099

남의 비판에 신경 쓰지 마라

— 미국 해병대 지휘관 스메들리 버틀러Smedley Butler는 '지옥의 사신'이라 불릴 만큼 카리스마 넘치는 인물이지만, 젊은 시절에는 아주 사소한 비판과 조롱에도 쉽게 상처받고 괴로워했다고 한다. 그러다 삼십여 년의 해병대 생활을 거치며 어떤 모진 말과 비난에도 동요하지 않게 되었다고 한다.

사실 대다수는 타인의 비판과 비난에 달관하기 어렵다. 몇 해 전 뉴욕의 잡지사 기자가 나의 강연을 들은 뒤, 강연 내용과 나를 비꼬는 듯한 기사를 쓴 적이 있다. 인신공격이라고 느낀 나는 신문사에 항의 전화를 걸어 조롱과 비아냥이 아닌 사실을 쓰기 바란다고 요청했다. 그러나 지금의 나는 당시의 반응을 부끄럽게 여긴다. 그 잡지를 산 사람의 절반쯤은 그 기사를 읽지 않았을 것이며, 기사를 읽은 사람이라도 별 뜻 없는 농담으로 받아들이며 웃었을 것이고, 그들 중 절반은 그마저도 곧 잊어버렸을 것이기 때문이다.

사람들은 당신이나 나를 그렇게까지 주의 깊게 생각하지 않는다. 사람들은 자기 일을 최우선으로 생각한다. 나나 당신이 설령 죽는다고 해도, 사람들은 자신의 경미한 두통에 더 큰 관심을 쏟는다. 인간은 그런 존재다.

C A R N E G I E

100

배신당할지라도 실망하지 않는다

— 우리의 가까운 지인 중 누군가가 우리를 모함하고 조롱하고 배신한다고 해도, 분노와 자기 연민에 빠져 괴로워하거나 한탄하지는 말자. 예수는 가장 가까이 곁을 지키던 열두 명의 제자 중 둘에게 배신과 외면을 당했다. 한 사람은 뇌물을 받고 예수를 배신했고, 다른 한 명은 예수가 고난에 처하자 공개적으로 관계를 부인하며 등을 돌렸다. 하물며 예수조차 6분의 1의 확률로 지인에게 배신당했는데, 당신이나 내가 친구들 중 누군가에게 배신당한들 크게 절망하거나 괴로워하거나 놀랄 일은 아니란 이야기다.

CARNEGIE

101

자신이 옳다고 생각하는 일을 한다

— 누군가가 제멋대로 나를 욕하는 것을 막을 순 없더라도, 그러한 비난이 내 마음을 흔들고 괴롭히도록 허용할 것이냐 아니냐는 나 자신의 결정에 달려 있다.

프랭클린 루스벨트Franklin Roosevelt 대통령의 부인 엘리너 루즈벨트Eleanor Roosevelt만큼 온갖 비난과 열렬한 지지를 동시에 받은 영부인도 드물 것이다. 나는 그녀에게 사람들의 부당한 비난에 어떻게 대처하는지 물은 적이 있다. 영부인의 대답은 이러했다. "부당한 비난을 두려워하기보다는, 내가 옳다고 마음속으로 확신하는 일을 하려고 합니다. 그것을 실행해도 비난받을 것이며 실행하지 않아도 비난받을 것이기 때문입니다. 어느 쪽이든 타인의 비난 자체를 면하는 일은 불가능하지요."

어린 시절 무척 내성적이었다는 그녀는 남들에게 어떻게 보일지, 어떤 말을 들을지 끊임없이 두려워했다고 한다. 그러던 어느 날 한 지인으로부터 귀중한 조언을 들은 후, 그 말을 마음에 새기며 성장했다고 한다. 그 조언은 이러했다. "스스로 진심으로 옳다고 확신하는 한, 결코 다른 이의 말에 겁먹거나 걱정할 필요는 없다."

CARNEGIE

102
할 수 있는 최선을 다한다

— 월스트리트의 성공한 기업가 매슈 브러시Matthew Brush는 '사람들로부터 비난받는 것에 예민한가'라는 질문에 이렇게 답했다.

"젊었을 때는 정말 민감하게 반응했어요. 모든 직원이 나를 좋아했으면 하고 바랐죠. 그것이 불가능할 때는 심각하게 고민했죠. 어떤 사람을 만족시키려고 하면 다른 누군가가 불만을 드러냈고, 그 불만을 달래려고 애쓰다 보면 다시 반대의 상황이 반복되었습니다. 그러다 깨달았죠. 비난을 신경 쓸수록 적만 늘어날 뿐이며, 남들을 이끌고 앞서가기 위해서는 비난을 각오해야 한다는 사실을요. 오히려 마음이 편해졌어요. 대신 분명한 원칙을 세우고 그것을 충실히 지켜 나가고자 했습니다. 우선 내가 할 수 있는 최선을 다한다는 원칙이지요. 그 후 돌아오는 비난에는 갈팡질팡 흔들리거나 걱정하지 않아요. 그저 비난이 잦아들기를 기다리지요."

CARNEGIE

103

비판을 자청함으로써 억만장자가 된 사람

— 타인의 비판을 겸허한 자세로 자청한 영업사원의 이야기를 들어보자. 비누회사에 입사해 영업을 시작한 그는 실적이 통 오르지 않자, 일자리를 잃는 건 아닌지 불안해졌다. 상품이나 가격에 문제가 없는 것은 분명했으므로 그는 자신의 영업 방식에 문제가 있음을 확신했다. 설명이 모호했는지, 열의가 부족했는지, 분석을 거듭하고 때때로 거래처로 돌아가 매입담당에게 직접 조언을 구하기도 했다. "제가 다시 방문한 이유는 비누를 더 판매하기 위해서가 아니라 조언을 부탁드리기 위해서입니다. 지난번 설명에서 좋지 않았던 점이 있었다면 알려주시겠습니까? 경험이 풍부한 담당자님의 의견을 듣고 싶습니다. 부디 사양하지 마시고 있는 그대로 지적해주세요."

이같이 겸허하고 적극적인 태도로 일관하며 값진 조언과 신뢰를 얻은 영업사원은 훗날 자신이 몸담은 회사를 세계 최대의 비누제조회사로 발전시키며 최고 경영자 자리에 올랐다.

104
겸허한 태도로 비난을 멈춘다

— 자신에 향한 타인의 비난과 험담을 들으면, 그 말이 옳든 그르든 자기방어적인 자세를 취하기 쉽다. 그러나 타인에게 달갑지 않은 소리를 듣더라도 자기변호를 하기 위해 너무 애쓰지 말라고 조언하고 싶다. 자기변호는 사실 누구나 할 수 있는 일이며 어리석은 사람일수록 더욱 적극적이다. 그보다는 겸허하게 받아들이는 모습을 보여보자. 가령 이런 식으로 말하는 것이다.

"인정합니다. 사실 나는 그것 말고도 부족한 부분이 많습니다. 만약 나의 다른 결점까지 안다면 훨씬 더 강하게 나를 비판할지도 모르겠습니다."

상대는 분명 당혹스러울 것이며, 당신의 겸허함에 깊은 인상을 받아 비난을 멈출 것이다.

105
이성적으로 재고한다

— 누군가로부터 억울하게 비판받았다고 느껴 분노와 반발심에 휩싸이려고 할 때, 잠시 멈춰 서서 나 자신을 타일러 보자. '잠깐만 흥분을 가라앉혀 봐. 나도 완벽과는 거리가 먼 사람이잖아. 천재 아인슈타인조차 자신이 내린 결론의 99%는 오류가 있었다고 고백했는데, 나라고 어떻게 완벽히 옳다고 확신할 수 있겠어. 어쩌면 지금 내가 받는 비판은 당연한 것인지 몰라. 그렇다면 관심을 쏟아 지적해준 사람에게 오히려 고마워해야 할 일이 아닐까. 머리를 식히고 냉정하게 다시 되짚어 보자.'

106

비판에서
성장의 밑거름을 얻다

— 높은 청취율과 인기를 자랑하는 어느 유명 라디오방송국의 사장은 청취자들로부터 전해지는 칭찬의 편지에는 눈길을 두지 않는다고 한다. 그가 시간을 할애해 읽는 것은 오로지 쓴소리가 담긴 편지들이다. 제삼자의 비판적인 시각에서 중요한 무언가를 배울 수 있음을 알기 때문이다.

칭찬이 주는 기쁨만큼이나, 냉철한 비판에서 건져 올리는 교훈은 성장을 위한 소중한 밑거름이 된다.

CARNEGIE

107
미래의 자신이 되어 현재의 자신을 반성한다

— 대다수가 비판받기를 꺼리고 칭찬을 반긴다. 비판이나 칭찬의 내용이 타당한지는 관계없다. 인간은 논리적인 생물이 아니라 감정적인 생물이기 때문이다. 우리는 대개 자신의 선택과 행동이 옳다고 여기며 살아가지만, 지금부터 고작 몇 년만 지나도 과거의 자신을 돌이켜보며 쓴웃음을 지을지 모른다.

프랑스의 철학자 라 로슈푸코La Rochefoucauld는 "우리의 의견보다 적들의 의견이, 우리 자신에 관한 진실에 더 가깝다."라고 말한 바 있다. 나는 이 말이 대체로 옳다는 것을 알면서도 누군가에게 비판받을 것 같으면 바로 방어적인 자세를 취한다. 그리고 동시에 자기 혐오에 빠진다.

저명한 신문사 편집장 윌리엄 화이트William White는 오십 년 전 자신을 생각하면, 어찌 그토록 어리석을 수 있었는지 부끄러울 따름이라고 고백했다. 어쩌면 이십 년 후의 우리도 지금의 자신을 그렇게 바라볼지 모른다.

CARNEGIE

108
바보라고 불려도 화내지 않은 사람

— 누군가가 당신을 향해 '천하의 바보, 멍청이'라고 욕한다면 어찌 하겠는가? 격분할 것인가? 앙심을 품을 것인가? 링컨 대통령은 자신의 명령에 대해 국방 장관 에드워드 스탠턴Edward Stanton이 그처럼 격렬한 비난을 퍼부었음을 전해 들었다. 그런데 링컨은 화내기는커녕 이렇게 반응했다. "만약 스탠턴이 그렇게 말했다면 분명 나는 바보가 맞을 것이다. 그의 말은 대부분 옳기 때문이다. 그를 직접 만나 사정을 들어보겠다."

링컨은 실제로 스탠턴을 찾아가 자신을 바보라고 비난한 까닭을 경청했고, 납득했다. 그리고 스탠턴의 요청대로 오판한 명령을 바로잡았다. 진실을 바탕으로 건네진 비판을 성실하게 받아들인 것이다. 우리도 이러한 종류의 건설적인 비판은 환영해야 한다. 우리의 확신보다 훨씬 높은 확률로 우리 생각이 틀렸을지 모른다. 아인슈타인조차 자기 생각은 99%의 확률로 틀렸었다고 고백했다.

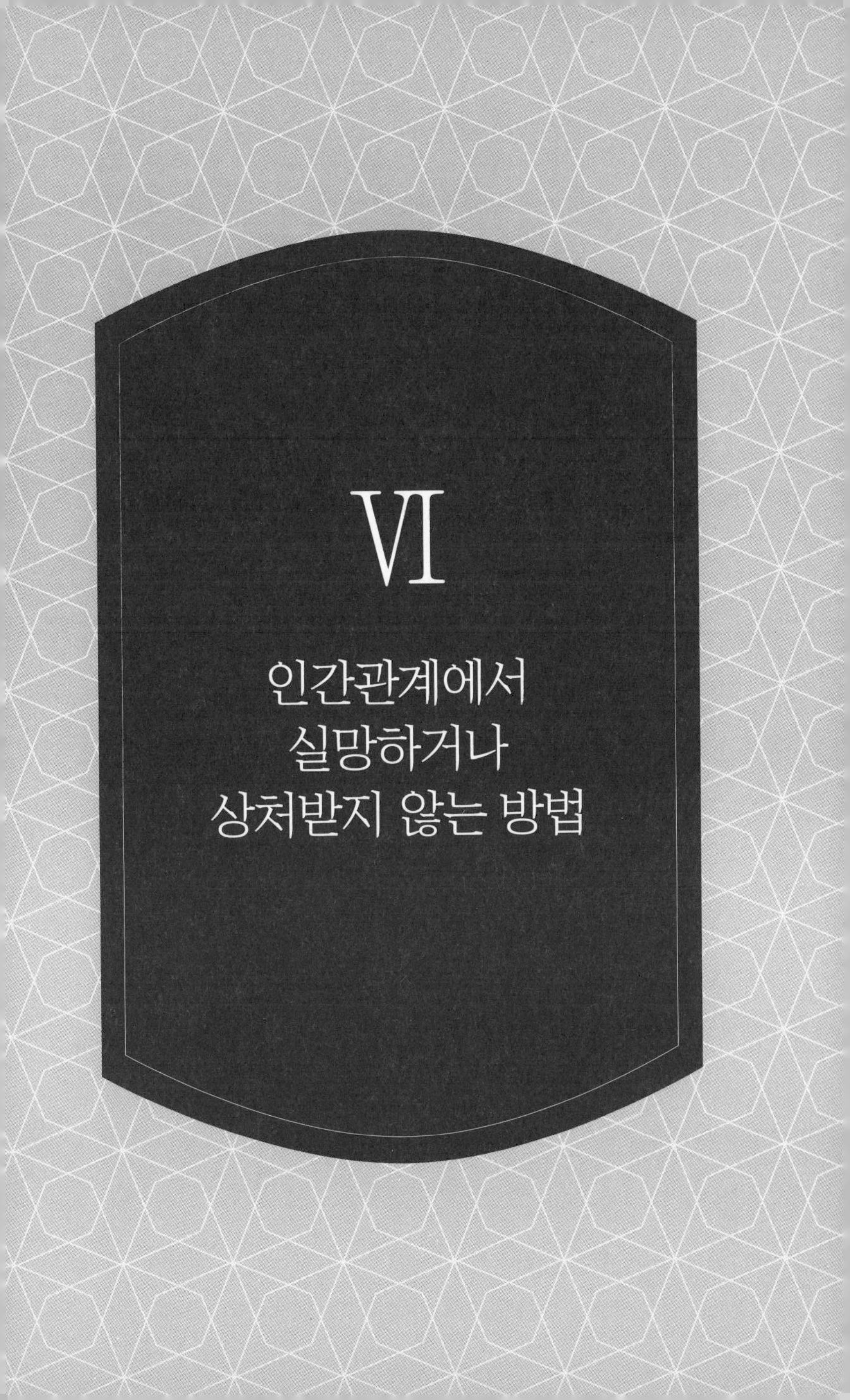

Ⅵ

인간관계에서 실망하거나 상처받지 않는 방법

적을 미워할수록
적에게 지배당한다

CARNEGIE

109

인간은 본디 은혜를 쉽게 잊는다

— 영국의 시인이자 평론가 새뮤얼 존슨은 “감사하는 마음은 엄청난 수양에서 빚어지는 결실이며, 수양이 부족한 사람들에게서는 기대할 수 없는 열매다.”라고 말했다. 보통의 사람들에게 감사의 마음을 바라면 실망하게 된다. 인간은 본디 은혜를 쉽게 잊으며 이기적이고 매정한 존재임을 기억해둔다면, 기대에 어긋나는 일은 생기지 않을 것이다.

CARNEGIE

110
진심 어린 감사를 받기란 쉽지 않다

— 만약 당신이 누군가의 생명을 구해준다면, 필시 그가 당신에게 큰 고마움을 느끼리라 생각할 것이다.

판사가 되기 전 유능한 변호사로 명성을 떨친 새뮤얼 라이보비츠Samuel Leibowitz는 사형대에 오를 뻔한 피고인 78명의 목숨을 구해주었다. 그러나 그중 누구에게도 감사 인사를 받은 적이 없다고 한다. 생명을 구해주어도 진심 어린 감사를 받기가 쉽지 않은 게 현실일진대, 작은 도움의 손길을 보낸다고 상대가 당연히 고마움을 느낄 것이란 기대는 하지 않는 것이 현명하겠다. 분명 잠깐은 고마워할지 모르지만, 시간이 흐르면 그런 일은 없었던 듯 모른 체하는 사람이 너무나도 많다.

C A R N E G I E

111

인간의 욕심은 끝이 없다

― 당신이 친족에게 거액을 유산으로 남긴다면, 그가 얼마나 감사한 마음을 가질 것이라 생각하는가? 세계 굴지의 대부호 앤드루 카네기Andrew Carnegie의 예를 보자. 카네기는 유산 중 백만 달러를 한 친족에게 남겼는데, 만약 그가 무덤에서 살아나 상속자가 자신을 매도한 사실을 안다면 필시 충격을 받을 것이다. 카네기에게 유산을 상속받은 남성은 "생전에 그 영감은 몇 억 달러나 되는 거액을 자선단체에 기부하면서도 핏줄인 나에게는 달랑 백만 달러밖에 남기지 않았어."라며 세간에 불만을 터뜨렸고 공공연히 고인을 비난했다.

이것이 인간이라는 존재다. 인간의 본성은 지금까지도 그랬고, 앞으로도 그럴 것이다. 적어도 당신이 살아 있는 동안에 인간의 본성은 바뀌지 않을 테니 그것을 받아들이는 수밖에 없다.

CARNEGIE

112

감사를 기대하지 않는다

— 고대 로마 제국을 통치한 황제들 가운데 가장 현명하다고 손꼽히는 마르쿠스 아우렐리우스는 날카로운 현실 감각을 지녔을 뿐 아니라, 인간관계에도 달관한 인물이었다. 그는 《자성록》에 이렇게 기록했다. "오늘 자기 이익만을 추구하기 위해 열변을 토하는 무리와 만나기로 했다. 그들은 남에게 감사할 줄 모르는 이기적인 인간들이다. 허나 놀라거나 당황할 일은 아니다. 그런 야비한 인간이 없는 세상은 상상조차 할 수 없기 때문이다."

정확하다. 우리가 감사할 줄 모르는 이기적인 사람에 대해 불평한다면, 잘못한 쪽은 누구일까? 인간 본성에 충실한 상대일까, 인간 본성에 대해 무지한 우리일까?

타인에게 감사를 기대하지 마라. 그럴수록 마음을 다치는 순간은 더 많이 찾아올 테니까. 아무도 고마움을 표현하지 않는다 해도 당황할 필요가 없다. 그저 기대하지 않은 어느 순간, 뜻밖의 감사를 받는다면 기쁜 마음으로 만끽하면 된다.

C A R N E G I E

113

보답을 기대하지 말고 애정을 쏟는다

— 나는 외로움을 호소하며 끊임없이 불평하는 한 노부인을 알고 있다. 부인의 친척들은 아무도 그녀와 가깝게 왕래하려 하지 않았는데, 어찌 보면 당연한 일이었다. 부인은 누군가가 찾아오면, 그들을 위해 자신이 얼마나 헌신했는지를 연설하고 감사하는 마음을 가질 것을 강요하기 바빴다. 조카들이 주기적으로 부인을 방문했지만 순전히 의무감 때문이었다. 그녀가 조카들에게 베푼 친절과 헌신은 분명 그들에게 많은 도움이 되었지만, 늘상 불평과 자기 연민, 잔소리를 몇 시간이고 들어야 하는 만남을 좋아하는 사람은 없었다. 사실 부인이 원하는 것은 애정 어린 관심이었지만, 그것을 '은혜를 갚아라', '감사해라', '섭섭하다'라는 말로 지겹게 강요하고 원망함으로써 관심에서 더욱 멀어졌다.

이런 사람은 주위에 얼마든지 있다. 그들은 늘 고독에 몸부림친다. 사랑받고 싶은데 사랑받지 못하기 때문이다. 그러나 사랑받기 위한 유일한 방법은, 보답을 기대하지 않고 상대에게 애정을 쏟는 것이다. 사랑과 감사를 강요하고 기대할수록 그것은 우리 곁에서 멀어진다.

CARNEGIE

114
정성 담긴 손길로 가꾼 뜰에 장미가 피어난다

━ 예로부터 수많은 부모가 은혜와 감사를 모르는 자식 문제로 골머리를 앓아왔다. 셰익스피어의 희곡에 등장하는 리어왕은 "배은망덕한 아이를 가진 것은 독사에게 물리는 것보다도 아프다."라고 한탄했다.

그렇다면 아이가 은혜를 모르고 감사를 모르는 인간으로 자란 원인은 무엇일까? 누구의 잘못일까? 아무렇게나 내버려 둔 뜰에는 잡초가 우거진다. 장미는 물과 비료, 정성이 담긴 손길로 소중히 가꾼 뜰에서 피어난다. 그렇다. 우리의 아이가 배은망덕해지는 이유는 우리 때문이다. 우리가 감사하는 마음의 소중함을 가르치지 않았기 때문이다. 우리 또한 그런 마음을 가지지 않았기 때문이다. 감사할 줄 아는 아이를 기대한다면, 우리 자신이 먼저 타인에게 감사할 줄 알아야 한다는 이야기다.

CARNEGIE

115

삶을 나약하게 만드는 독

한 남성이 주택을 담보로 거액을 대출받아 두 의붓아들을 대학에 보냈다. 낮은 임금을 받으며 공장 일을 하는 남성은 사년 내내 고된 노동을 하면서도 불평 한마디 없이 생활비와 대출금을 감당해 나갔다. 가정의 행복을 위한 헌신이었다. 하지만 그는 아내나 의붓아들로부터 어떠한 감사의 인사나 마음을 받지 못했다. 아내는 그것을 당연한 일로 간주했고, 그녀의 자식들도 같은 사고방식이었기 때문이다. 그들은 계부에게 신세를 졌다고 생각하지 않았다.
이것은 누구의 책임일까? 의붓아들들일까? 물론 그렇기도 하지만, 보다 무거운 책임은 어머니에게 있다. 그녀는 인생을 시작하는 어린 자식들이 부채의식을 갖지 않게 하고픈 마음에 '아버지는 힘들게 일해서 너희를 대학에 보내준 고마운 사람'이라고 일절 알리지 않았다. 대신 '그건 아버지로서 해야 할 최소한의 의무'로 인식하게 했다. 그녀로선 자식들을 위한 행동이었다고 생각하겠지만, 사실 그건 아이들의 삶을 나약하게 만드는 독이었다. '세상이 당연히 자신들을 책임져줘야 한다.'라는 그릇된 생각을 심어준 것이다. 이후 자식 중 한 명은 근무하던 회사에서 돈을 제멋대로 횡령해 체포되고 말았다.

CARNEGIE

116

아이는 부모를 비추는 거울이다

— '아이는 부모를 비추는 거울이다.'라는 격언을 명심하자. 나의 이모님은 친정어머니와 시어머니를 한집에서 함께 모셨다. 눈을 감으면 어린 시절 이모의 집에서 보았던 풍경이 떠오른다. 연로한 두 여인이 벽난로 앞에 사이좋게 앉아 있는 평화로운 광경이다. 이모는 여섯 명의 아이를 키우고 두 노모를 봉양하면서도 불평이나 생색 한 번 내지 않았다. 그녀에게는 당연한 일이었고, 스스로 원한 일이었을 뿐이다.

그리고 과거 자신이 모시던 두 노인과 비슷한 나이가 된 이모는 그들과 비슷한 삶을 보내고 있다. 장성한 자식들은 어머니를 서로 모시길 원한다. 그 마음은 어머니에 대한 감사에서 나온 것이라기보다는 사랑에서 비롯된 마음이다. 어머니가 가족에게 쏟는 사랑을 온몸으로 느끼고 보며 자란 그들이 이제 입장을 바꾸어 어머니에게 애정을 돌려주며 기쁨을 느낀다. 지극히 자연스럽고 사랑스러운 대물림이다.

C A R N E G I E

117

작은 항아리는 큰 귀를 가지고 있다

— '작은 항아리는 큰 귀를 가지고 있다.'라는 말이 있다. 아이 앞에서 무심코 흘리는 말, 비밀스런 이야기를 아이는 모두 귀담아듣는다. 누군가를 헐뜯는 말은 특히 삼가야 한다. 가령 혼잣말일지라도 아이와 함께한 자리에서, "뭐야. 직접 만든 거라더니 어설프기 짝이 없네. 선물이라기에는 너무 시시하잖아."라는 식으로 말해서는 안 된다는 뜻이다. 본인은 별생각 없이 내뱉은 사소한 발언일지 모르지만, 아이는 그것을 진심으로 듣고 새기고 배운다.

"마음이 담긴 멋진 선물이구나. 분명 긴 시간을 쏟아 만들었을 테지. 빨리 감사 편지를 써야겠다."라고 말하자. 그럼으로써 아이는 감사와 칭찬의 습관을 몸과 마음에 자연스럽게 익힐 것이다.

CARNEGIE

118

적을 미워할수록 적에게 지배당한다

— 적을 미워할수록 우리는 적에게 지배당한다. 적의 지배력은 우리의 수면, 식욕, 혈압, 건강, 행복에까지 영향을 미친다. 적에 대한 들끓는 증오로 우리가 얼마나 분노하고 걱정하고 괴로워하는지를 적이 안다면, 아무 수고로움 없이 복수를 이룬 것에 기뻐 마지않을 것이다. 우리가 아무리 미움을 품는다고 해도 적에게 아픔 혹은 가려움조차 안길 수 없다. 오직 우리 자신만이 밤낮으로 지옥 같은 혼돈에 빠질 뿐이다.

C A R N E G I E

119

복수는 유해무익하다

"어떤 이기적인 자가 당신을 이용하고 속이려 든다면, 복수할 생각보다는 당신의 지인 목록에서 그를 삭제하라. 복수는 상대를 괴롭히기보다는 당신 자신을 더 해칠 것이기 때문이다." 별난 이상주의자의 말처럼 들릴지 모르겠다. 하지만 이는 미국의 한 경찰청에서 발행한 회보에 실린 글이다.

복수심과 분노는 과학적인 관점에서도 건강에 유해한 영향을 끼친다. 시사 화보지 〈라이프〉에 이런 기사가 실린 적이 있다. '고혈압 환자의 주요 성격적 특징은 분노다. 분노나 억울한 감정, 복수심에 사로잡히다 보면 만성 고혈압과 심장병의 발병률이 높아진다.' 예수가 '원수를 사랑하라'고 한 것은 단순히 인간의 윤리관을 설파한 것만이 아니라, 의학적으로 건강에 이로운 가르침을 전하는 의도가 있었을지도 모르겠다. 분명한 것은 그 말을 따름으로써 고혈압이나 심장병, 위궤양을 포함한 많은 병을 예방할 수 있었다는 점이다.

CARNEGIE

120

사랑 가득한 마음이 아름다운 얼굴을 만든다

— '네 원수를 사랑하라.'라는 예수의 말에는 아름다움을 유지하기 위한 중요한 비결이 담겨 있다. 오랜 기간 증오와 원망, 복수심에 젖어 살아온 사람은 고통과 번민이 만들어낸 특유의 인상이 얼굴 전체에 새겨져 있다. 그것은 성형이나 미용으로도 가려지거나 보완되지 않는다. 돈과 시간을 쏟아 얼굴을 가꾼다 해도 용서, 친절, 사랑 가득한 마음이 뿜어내는 매력의 절반만큼도 효과를 얻지 못한다.

121

적을 향한 복수의 불길은 자신에게 깊은 화상을 남긴다

— "적을 향해 복수의 불길을 지피지 말라. 그 불은 당신 자신에게 깊은 화상을 입힐 것이다." 셰익스피어의 말이다.

아무리 노력해도 원수를 포용할 수 없다면, 적어도 우리 자신을 사랑해보자. 우리의 감정이 적에게 지배되지 않도록 스스로를 보호해야 한다. 적에 대한 복수심 때문에 불행한 생각과 걱정에 사로잡혀 우리의 외모, 건강, 행복이 무너지는 것을 막아야 한다.

122
누군가를 미워하는 마음의 해악

— 누군가를 미워하는 마음은 식사의 즐거움마저 앗아간다. 성경에 이런 글귀가 쓰여 있다. "미움 가득한 곳에서 호화로운 고기 요리를 먹기보다는, 사랑 가득한 곳에서 소박한 채소 요리를 먹는 편이 낫다."

C A R N E G I E

123

겸허함이 가져온 기회

— 2차 세계대전 당시, 전란을 피해 오스트리아를 떠나 스웨덴으로 이주한 한 남성은 일자리가 절실했다. 다국어에 능통한 장점을 살려 무역 회사의 해외 연락원에 지원하는 이력서를 여러 곳에 보냈지만, 어느 회사도 답이 없었다. 그러던 어느 날 한 회사로부터 다음의 회신이 왔다. '당사는 해외 연락원을 모집하고 있지 않으며, 설령 모집한다고 해도 엉터리 스웨덴어밖에 하지 못하는 사람을 고용할 의사가 없습니다.'

편지를 읽은 남성은 무례한 답변에 참을 수 없이 화가 났고, 즉시 격하게 반론하는 편지를 썼다. 그러나 잠시 후 그는 냉정함을 되찾고 차분히 생각했다. '잠깐, 이 말이 틀렸다는 걸 얼마나 확신할 수 있을까. 분명 내 스웨덴어는 아직 충분하지 않을 수 있어. 모국어가 아니기에 나도 모르는 실수가 있었을지 모르지. 비록 유쾌한 어조는 아니었지만, 냉정한 지적으로 내 부족함을 채울 기회를 준 이 회사에 감사의 편지를 쓰자.'

그래서 그는 처음 쓴 편지를 찢어 버리고 '저의 잘못과 부족함을 지적해주셔서 감사합니다. 이를 계기로 스웨덴어를 다시 공부해 확실히 숙련할 계획입니다.'라는 취지의 편지를 보냈다. 그러자 며칠 후 놀랍게도 면접을 원한다는 연락이 왔고, 좋은 결과를 얻게 되었다. 순간의 감정으로 적의를 표출하기보다는 마음가짐을 바꿔 겸허한 자세로 대처한 것이 소중한 기회를 만들어낸 사례다.

CARNEGIE

124
적을 용서하고 잊는다

— 우리가 적을 사랑할 만큼의 성자는 되지 못할지라도, 최소한 자신의 건강과 행복을 위해 적을 용서하고 잊어버리는 것은 가능할 것이다. 이는 매우 성숙하고 현명한 처사다. 공자는 이렇게 말했다. "설령 부당한 대우를 받는다 한들, 그 일을 마음에 담아두지 않으면 그것은 아무 일도 아니다."
미국의 전쟁 영웅으로 칭송받는 아이젠하워 장군은 어땠을까? 그의 아들에게 "당신의 아버지가 누군가를 미워한 적이 있습니까?"라고 묻자, 이런 대답이 돌아왔다. "아버지는 좋아하지 않는 사람을 생각하느라 일 분이라도 시간을 낭비하는 분이 아닙니다."

CARNEGIE

125
그 누구에게도 적의를 품지 말라

— '화를 내지 못 하는 사람은 바보지만, 화를 내지 않는 사람은 현자'라는 옛말이 있다.
뉴욕 시장을 역임한 윌리엄 게이너William Gaynor는 현자의 방침을 고수했다. 게이너에 관한 비난 서린 가십 기사가 신문에 실린 뒤, 그는 정신이상자에게 공격당했다. 심각한 부상을 입고 병상에 누운 게이너는 가해자들을 향해 말했다. "나를 상처 입힌 모든 일과 모든 사람을 용서합니다."
특별한 이상주의자에게 국한된 이야기로 여길지 모르겠다. 그렇다면 독일의 위대한 철학자이자 염세주의자로 알려진 쇼펜하우어의 의견을 들어보자. '인생은 고통'이라던 그는 이렇게 말했다. "가능하다면 그 누구에게도 적의를 품어서는 안 된다."
무려 여섯 명의 미국 대통령의 신임을 받으며 오랜 기간 경제 고문을 역임했던 버나드 바루크Bernard Baruch는 '정적의 공격으로 괴로웠던 적이 있는가'라는 혹자의 질문에 이렇게 답했다. "나를 모욕감이나 괴로움에 빠지게 한 사람은 아무도 없습니다. 내 의지가 그렇게 되도록 놔두지 않았으니까요."

C A R N E G I E

126

증오와 원망을 품지 않는 고결한 사람

— 사람들은 태곳적부터 누구에게도 증오나 원망을 품지 않는 성자들에게 존경의 마음을 지녀왔다.

캐나다 재스퍼 국립공원에는 에디스 카벨Edith Cavell이라는 이름의 아름다운 산이 있다. 영국인 간호사의 정신을 기리기 위해 그녀의 이름을 딴 것이다. 1차 세계대전 중 카벨은 독일군에 의해 총살형에 처해졌다. 죄목은 '적을 도운 반역죄'였다. 벨기에의 병원에서 이백여 명의 영국군과 프랑스군을 극진히 치료하고 중립국인 네덜란드로 탈출하도록 도운 일로 내려진 판결이었다. 사 년 후 그녀의 유해는 고향 영국으로 돌아왔으며, 현재 그 숭고한 정신과 희생을 기리는 기념비와 동상이 런던 국립 초상화 미술관 건너편에 세워져 있다. 그리고 동상 아래에는 그녀가 죽음 직전 남긴 말이 새겨져 있다.

"애국심만으로는 충분하지 않습니다. 그 누구에게도 증오나 적의를 품지 말아야 합니다."

C A R N E G I E

127

꿈꾸는 바를 이루기에도 부족한 인생이다

━ 적을 용서하고 마음에 증오심을 남기지 않는 확실한 방법은 무한히 큰 목표를 세우는 일이다. 목표를 세우고 그것에 몰두하면 어떤 모욕과 적의에 노출되어도 의연할 수 있다. 자신이 세운 대의 외에는 의식을 돌릴 여유가 없기 때문이다.

로렌스 존스Laurence Jones라는 흑인 목사의 이야기를 소개한다. 1차 세계대전으로 사회 분위기가 격앙되어 있던 시기에, 한 지역을 중심으로 독일인들이 흑인들을 부추겨 폭동과 혼란을 일으키려 한다는 소문이 퍼졌다. 그런데 마침 그 시점에서, 흑인들의 생존과 발전에 대해 열변을 토하는 존스 목사의 설교를 일부 백인들이 '독일군과 내통한 폭동 선동'으로 오해해 목사를 납치했다.

하지만 존스 목사는 자신을 교수형에 처하라고 아우성치는 사람들 앞에서도 두려워하거나 원망하지 않았다. 대신 죽음을 눈앞에 둔 순간, 흑인들의 삶과 교육 향상에 이바지하려는 자신의 염원과 그간의 성과를 진지하고 차분하게 알렸다. 존스의 진심 어린 연설이 끝나자, 백인들은 자신들이 완전히 오해했음을 깨달았다. 그들은 존스를 즉시 석방하고, 그의 교육 사업을 적극적으로 돕기에 이르렀다.

훗날, '당신을 납치해 모욕하고 죽이려 한 백인 무리를 증오하지 않았는가'라는 질문에 존스는 이렇게 답했다. "내가 간절히 꿈꾸는 바를 이루기에도 시간이 모자랍니다. 남과 다툴 시간도, 후회할 여유도 없습니다. 그리고 어느 누구도, 내가 상대를 미워할 정도로 나를 굴복시키지 못합니다."

CARNEGIE

128
모든 것은 뿌린 대로 거두기에

— 고대 로마의 철학자 에픽테토스는 '뿌린 대로 거둔다'는 자연의 섭리에 빗대어, 운명은 어떻게 해서든 악행에 대한 대가를 치르게 만듦을 통찰했다. "긴 안목으로 보면 모든 이는 자신이 저지른 잘못의 응보로서 벌을 받는다. 이를 아는 자라면 누구에게도 화내지 않고 타인을 원망하지 않을 것이다. 다른 이를 매도하지도 않으며, 비난하지 않고, 모욕하거나 증오하지도 않을 것이다."

CARNEGIE

129

비난하거나 원망하지 않는 이유

— 미국 역사상 링컨만큼 많은 사람에게 비난과 미움을 받고, 배신을 경험한 인물도 드물 것이다. 링컨의 생애를 다룬 전기에 의하면, 링컨은 자기 감정의 좋고 싫음에 따라 사람을 평가하거나 기용하지 않았다고 한다. 적임자라고 판단하면 상대가 링컨을 헐뜯거나 냉대했던 사람일지라도 망설임 없이 요직에 발탁했다. 자신의 정적이라는 이유로, 혹은 마음에 들지 않는다는 이유로 사람을 경질하는 일도 없었다.

한편 링컨은 자신이 임명한 사람들에게 모욕을 당하기도 했는데, 그것 때문에 그들을 비난하거나 원망해서는 안 된다고도 말했다. 왜냐하면 한 사람의 언행은 그가 처한 조건, 상황, 교육, 습관, 유전 형질이 복잡하게 얽혀 표출되는 것으로 판단했기 때문이다.

링컨이 말한 대로다. 만약 우리가 적과 같은 육체적 · 정신적 · 감정적인 특질을 이어받고 인생에서 유사한 경험을 했다면, 그들과 같은 행동을 할 것이다. 그러니 누군가를 비난하고 싶어 진다면 미움과 원망을 퍼붓는 대신, 그를 이해하고 용서하고 배려해보자. 그와 같은 인간이 되지 않았음을 감사히 여기자.

CARNEGIE

130

자신을 상처 입히는 감정에 단 일 분도 낭비하지 말라

— 나는 매일 성경을 읽고 기도를 드리는 가정에서 자랐다. 당신 인생의 지침으로 삼은 구절을 어린 나의 귓가에 몇 번이고 읊어주시던 아버지의 목소리가 지금도 들리는 듯하다. "네 원수를 사랑하라. 너희를 저주하는 자를 축복하고, 너희를 미워하는 자에게 선행을 베풀며, 너희를 이용하려는 자를 위해 기도하라."

아버지는 그 가르침을 충실히 실천했고, 그로써 대단한 권력자들도 좀처럼 얻지 못했던 것, 마음의 평안을 얻을 수 있었다. 다시 한번 되새겨 보자. 적에게 복수하려고 하지 말라. 복수는 적이 아닌 나를 상처 입힐 뿐이다. 아이젠하워 장군이 항상 실천했듯이, 좋아하지 않는 사람을 생각하는 데 단 일 분의 시간도 낭비하지 말라.

타인과 함께하는 삶으로 행복해지는 방법

우리에게는
우리를 둘러싼 세계를
더 좋게 만들 힘이 있다

CARNEGIE

131

헌신하는 삶으로 더없는 행복을 누리다

— 시애틀의 프랭크 루프Frank Loope 박사는 이십 년이 넘는 세월 동안 관절염으로 병상에 누워 지냈다. 그런 루프 박사를 두고 한 신문 기자가 이렇게 말했다. "그는 이제껏 만난 그 누구보다 가장 이타적이며 풍요로운 인생을 사는 사람입니다." 늘 병상에 있는 사람이 어떻게 풍요로운 인생을 누린다는 것일까? 세상을 향한 불만을 마음껏 쏟아내며 통쾌함을 느끼는 것일까? 타인의 위로에 둘러싸여 자기 연민에 취하는 것일까? 둘 다 아니다. 박사는 자신처럼 거동이 힘든 환자들의 이름과 주소를 알아내 격려와 응원의 편지를 보냈다. 그들을 위한 모임을 만들어 서로 소통할 수 있게 했으며, 전국적인 조직으로 발전시켰다. 박사는 병상에서도 연간 1,400여 통의 편지를 썼다. 그의 내면에는 '타인을 위한 봉사'라는 목적이 있었고, 빛나는 사명감이 가득했다. 처지를 비관하는 대신 숭고한 목적에 헌신함으로써 더없는 삶의 행복과 기쁨을 만끽한 것이다.

CARNEGIE

132

미래의 세대에게 건넬 횃불을 밝힌다

— 노벨 문학상을 받은 영국의 극작가 조지 버나드 쇼George Bernard Shaw는 사람들을 기쁘게 하는 일에 대해 이렇게 말했다. "세상이 나를 행복하게 해주지 않는 것을 한탄하는 자기중심적인 바보가 아니라, 능력을 펼쳐 세상에 기쁨을 주는 사람이 되는 것이 인생의 진정한 목적이다. 사회에 도움이 되는 일을 사명으로 삼고, 살아 있는 한 전력을 다하는 것이 내가 누릴 수 있는 특권이라고 확신한다. 나는 죽음을 맞이하기 전까지 주어진 능력을 다 쓰고 싶다. 노력하면 할수록 더 좋은 삶을 열 수 있다고 생각하기 때문이다. 나에게 인생이란 짧은 양초가 아닌 눈부시게 빛나는 횃불 같은 것이며, 미래의 세대에게 그것을 건넬 때까지 가능한 한 환히 밝히고 싶다."

C A R N E G I E

133
주변 사람을 기쁘게 하는 것의 이로움

— 오스트리아의 위대한 정신의학자 알프레드 아들러Alfred Adler의 말에서 특히 놀라웠던 부분은 우울증 환자에게 박사가 내린 처방이다. "이 처방을 따르면 우울증은 이 주 만에 나을 겁니다. 매일 어떻게 하면 주변 사람들을 기쁘게 해줄 수 있을지 생각해 보세요."

자기중심적인 사고에만 함몰된 채 우울감과 분노에 빠지는 것만큼 몸과 마음에 해로운 것도 없다. 아들러 박사는 '항상 선행을 베푸는 것'이 중요하며, 그것이야말로 환자 본인의 건강을 위하는 방법임을 알리고자 했다. 여기서 선행이란, 주변 사람들을 기쁘게 해주는 것이다. 타인을 기쁘게 만드는 것이 어째서 자신에게 이로운 효과를 가져올까? 다른 이들을 기쁘게 하는 노력을 하는 동안에는 걱정과 두려움, 자기 연민을 불러일으키는 '자신에 대한 생각'을 멈출 수 있기 때문이다.

CARNEGIE

134
공허하고 무익한 삶을 한탄하는 사람들

— 정신적인 고통을 덜고자 정신과 의사를 찾는 사람 중 3분의 1은 다른 사람을 돕는 일에 관심을 쏟기만 해도 상태가 충분히 호전될 수 있다. 이는 나의 개인적인 생각이 아니다. 정신분석학자 칼 융Carl Jung도 비슷한 말을 했다. "내가 만난 환자의 약 3분의 1은 임상적으로 규정할 수 있는 신경 질환으로 보기 어려우며, 그보다는 무의미하고 공허한 자기 삶에 괴로움을 느끼는 사람들이다."

이들은 타인을 돕거나 관심을 가지려고 하지 않는다. 한걸음도 떼지 않은 채 자기 세계에 머물면서 자신의 불안한 감정이 어떻게든 해결되었으면, 누군가가 도와주었으면 하고 막연히 바랄 뿐이다. 그리고 그것이 여의치 않을 때, 정신과 의사를 찾아가 불만을 터뜨리고 삶의 공허함과 무익함을 한탄한다.

CARNEGIE

135

인생의 기쁨을 만끽하고자 한다면

— 무신론자이자 당대의 뛰어난 석학이었던 케임브리지 대학교의 알프레드 하우스먼Alfred Housman 교수는 강연에서 이렇게 말했다. "인류 역사상 가장 위대한 진리이자 가장 심오한 도덕적 발견은 예수의 말씀에 있습니다. '자기 목숨을 얻고자 하는 자는 그것을 잃을 것이고, 나를 위해 자기 생명을 내놓는 자는 얻을 것이다.'"

자기 자신에 대한 생각에만 매몰된 사람은 삶의 많은 부분을 놓치고 비참한 여생을 보낸다. 한편 다른 이들에게 봉사하며 자신을 잊는 사람은 삶이 주는 다채로운 기쁨을 만끽하며 행복한 인생을 누린다.

CARNEGIE

136

나의 기쁨은 타인으로부터 비롯된다

— 무신론자로 잘 알려진 소설가 시어도어 드라이저Theodore Dreiser는 종교란 꾸며낸 옛이야기 같은 것이라고 냉소했지만, '이웃을 사랑하라'는 예수의 가르침만은 지지했다. "만약 인생에서 기쁨을 찾고자 한다면, 자신뿐 아니라 타인의 기쁨을 위한 생각과 계획이 함께해야 한다. 나의 기쁨은 타인에게서 비롯되고, 그들의 기쁨은 나에게서 비롯되기 때문이다."

인간에게 기쁨이란 함께 나누는 것이다. 나를 위해, 남을 위해 더 좋은 세계를 만들고 싶다면 지금 바로 그 생각을 실행에 옮기자. 시간은 강물처럼 흐른다. 이 순간은 한번 지나가면 돌아오지 않으므로 친절과 사랑을 베푸는 데 우물쭈물하지 말라. 타인에게 손을 건네고 기쁨을 주기 위해 노력한다면, 나 또한 마음속 걱정을 떨치고 더 큰 기쁨을 얻을 것이다.

CARNEGIE

137
행복해지기 위해서 행복을 주다

— 남편과 사별한 후 깊은 슬픔과 외로움에서 헤어나오지 못하던 한 여성은 우연한 경험을 통해 다시 행복해지는 법을 깨달았다.

"결혼 후 몇 해를 함께한 남편을 떠나보내야 했습니다. 시간이 흘렀지만, 여전히 비통함과 우울로 가득한 날을 보내던 나는 크리스마스가 다가올수록 더욱 깊이 가라앉았습니다. 친구들이 함께 연휴를 보내자고 했지만 그러고 싶지 않았지요. 혼자 보내는 크리스마스가 두려웠지만, 사람들과 즐길 자신도 없었고 그들의 흥을 깨고 싶지도 않았거든요. 이브날 오후, 회사를 나오며 기분 전환이 될까 싶어 시끌벅적한 뉴욕의 거리를 걷기 시작했습니다. 하지만 가족들과 함께 거니는 사람들을 보니 남편과의 추억이 떠올라 더 견딜 수 없었어요.

눈물을 참으며 무작정 어딘가로 걸어갔습니다. 정신을 차려보니 교회 안이었어요. 그리고 크리스마스 트리 앞에 서 있는 두 아이를 보았습니다. 허름한 차림새에 보호자 없이 있는 모습이 걱정되어 사정을 물으니, 고아라고 답하더군요. 순간 나의 외로움과 불안, 자기 연민이 부끄러워졌습니다. 나는 아이들을 위해 뭐라도 하고 싶었습니다. 우선 든든하게 밥을 먹이고 아이들이 좋아하는 장난감을 선물했습니다. 그런데 이상한 일이지요. 기뻐하는 아이들과 대화하는 동안 비참했던 마음이 마법처럼 사라지고 행복감을 느꼈어요. 몇 달 동안 느껴보지 못한 감정이었습니다. 나 자신이 행복해지기 위해서는 다른 이들에게 행복을 주어야 한다는 진리를 실감한 것이지요. 타인을 돕고 애정을 쏟았더니 비관과 우울에서 벗어났고, 다시 일어설 수 있었습니다. 이 기분은 지금도 변함없습니다."

CARNEGIE

138
작은 친절과 관심을 보내는 것부터

― 우리는 매일 누군가와 마주치며 살아간다. 그는 회사 동료일 수도 있고 집배원일 수도 있으며 식료품점의 직원일 수도 있다. 우리는 그들을 어떻게 지나치고 있는가? 그저 무심하게 바라만 보는가? 그들이 무엇을 좋아하는지 관심 가져본 적 있는가? 그들의 고민이나 이야기에 귀 기울이려고 한 적이 있는가?
"타인을 향한 관심과 친절은 의무가 아니다. 기쁨이다. 그로써 나의 건강과 행복이 증진되기 때문이다." 페르시아의 현인 조로아스터의 말이다. 벤저민 프랭클린도 비슷한 말을 했다. "다른 사람에게 좋은 일을 하는 것은 곧 자기 자신에게 좋은 일을 하는 것이다."
우리는 우리를 둘러싼 세계를 지금 당장 더 좋게 만들 수 있다. 내일 만나는 사람들에게 작은 친절과 관심을 보내는 것부터 시작해보자. 타인을 향한 선행은 자신에 대한 충만함과 자신감으로 되돌아온다.

139
타인의 이야기에 귀를 기울여라

— 열등감과 걱정에서 벗어나기 위한 하나의 방편으로 타인에게 관심을 기울였던 한 여성은 뜻하지 않은 사랑과 행복을 얻었다.

"나는 어린 시절, 넉넉지 못한 집안 형편 때문에 고민이 많았어요. 한창 멋 부리고 싶은 나이였지만, 친구들과 비교되는 남루한 차림 때문에 모임에 나가서도 항상 주눅이 들었지요. 부끄럽고 비참한 기분을 느끼며 집에 돌아와 침대 속에서 자주 눈물을 삼켰어요. 그래서 나는 한 가지 방법을 떠올렸습니다. 모임이나 데이트를 할 때 초라한 내 옷차림에 주목하지 않도록 상대방의 관심을 돌리기로 한 거지요. 나는 그들의 장래 꿈과 계획, 가치관을 들려 달라고 청했습니다. 그런데 신기한 일이 있었어요. 진심으로 궁금해서 물었던 건 아니었는데 상대방의 이야기를 듣다 보니 정말 재미있더군요. 나조차도 내 옷차림에 대한 걱정을 종종 잊어버릴 정도였지요. 더 신기한 일은 상대방의 이야기를 경청하자 그들은 무척 행복해했고, 더 호의적이 되었습니다. 덕분에 나는 사교 모임에서 가장 사랑받는 사람이 되었답니다."

C A R N E G I E

140

장미를 건네는 손에는 언제나 장미 향이 감돈다

— 예일 대학교의 윌리엄 펠프스 교수가 말했다. "나는 이발소나 식당에서 마주치는 사람들에게 소소한 대화거리를 건네려고 합니다. 가령 이발사에게는 '하루 종일 서 계시면 피곤하지 않으세요?', '이 일을 해온 지는 얼마나 오래 되었나요?'라고 질문하지요. 성실한 태도로 관심을 보이면 사람들은 기꺼이 대화를 즐깁니다. 한번은 좁은 식당에 앉아 웨이터에게 '이렇게 더운 날은 주방이 더 힘드시겠네요.'라고 말을 건네자, '다들 요리를 더 빨리 내달라고 소리치고, 덥다고 화만 내니까 힘들어요. 이렇게 물어봐 주는 손님은 처음입니다!"라며 반가워했습니다. 그 미소를 보는 나도 무척 행복한 기분이 들더군요."

타인에 대한 관심과 배려가 자연스럽게 몸에 밴 사람이 우울과 불안감 때문에 정신과 의사에게 도움을 청하는 일은 드물다. 타인을 향한 작은 관심과 진심 어린 배려는 상대뿐 아니라 그 자신도 행복하게 만들기 때문이다.

C A R N E G I E

141

사람들의 행복에 공헌하라

— 존 록펠러는 석유회사를 운영하며 43세에 이미 억만장자가 되었다. 그러나 불과 십 년 후, 그는 예상치 못한 상황에 처해 있었다. 남들과 비교할 수 없을 만큼 대단한 성공 가도를 달리던 록펠러였지만, 그만큼 팽팽한 긴장과 걱정 속에서 생활한 나머지 심각한 위장병을 앓았고, 마치 죽음에 다다른 병자처럼 체력이 악화되었다. 심한 탈모증까지 있었는데 의사의 진단에 따르면 극도의 신경 쇠약이 초래한 결과였다.

본래 록펠러는 강한 체력을 타고났지만 과로와 스트레스가 겹쳤고, 불면증과 운동 부족이 더해져 몸이 쇠약해졌다. 세계 굴지의 대부호임에도 자신의 성공이 일시적인 것으로 끝나지 않을까 끊임없이 걱정하면서 잠들었다고 한다. 건강이 급속도로 나빠지는 건 어찌 보면 당연했다.

몸 상태가 심각해진 후에야 록펠러는 의사의 처방을 따랐다. 걱정을 최대한 삼가고 충분한 휴식, 적당한 운동과 적정량의 식사를 준수함으로써 건강을 회복했다. 그리고 또 하나, 은퇴 후 누구에게도 사랑받지 못했던 삶의 방식을 반성하며 재단을 설립해 대학과 병원, 교회에 적극적인 기부 활동을 펼쳤고 질병과 빈곤의 퇴치와 학문의 진흥에도 힘썼다.

록펠러는 재산을 사회에 내놓고 많은 이들의 행복을 위해 공헌함으로써 마음의 평안을 얻었다. 그 덕분에 53세에 죽음의 문턱까지 갔던 그는 98세까지 건강하게 장수했다.

C A R N E G I E

142

다른 이들을 도우며 시련을 극복한 아이

— 어린 나이에 가혹한 시련을 겪으면서도, 절망하고 체념하기보다는 다른 사람의 조언을 귀담아듣고 성실하게 노력함으로써 많은 친구와 삶의 기쁨을 얻은 사람의 이야기를 소개한다.

부모를 잃고 마을 사람들의 도움을 받으며 근근이 버티던 한 아이가 어느 날부턴가 농장에 사는 노부부에게 맡겨졌다. 아이는 겨우 안정을 찾았다 싶었지만, 학교에 다니기 시작하며 다시 시련을 겪었다. 친구들에게 '고아'라 놀림당하며 심한 괴롭힘을 당한 것이다. 어느 날 아이는 집에 돌아와 참았던 눈물을 쏟았다. 그때 노부부가 아이에게 말했다. "화를 내고 싸우는 사람보다 싸움에 말려들지 않고 물러설 줄 아는 사람이 더 큰 사람임을 기억하려무나. 그리고 네가 먼저 친구들에게 관심을 가지고 그들이 필요한 도움을 줄 수 있는 사람이 되어라. 그러면 아무도 너를 괴롭히거나 업신여기지 않을 거란다."

노부부의 말을 마음 깊이 새긴 아이는 공부에 열중하기 시작했고 곧 학급에서 좋은 성적을 거두었다. 스스로 나서서 다른 친구들의 공부를 돕고, 어려운 상황에 처한 친구가 있으면 가장 먼저 달려가 작은 힘이라도 보탰다. 언제부턴가 아무도 아이를 놀리지 않았다. 아이는 노부부의 농장 일뿐 아니라, 마을의 모든 일에 발 벗고 나섰다. 그리고 청년으로 성장한 아이가 해군에서 전역하고 마을로 돌아오던 날, 이백여 명의 마을 사람들은 그리던 가족이 돌아온 양 그의 귀환을 진심으로 환영했다.

일에 몰두함으로써 활력을 찾고 성공을 이루는 방법

걱정과 권태를 물리치고
성공을 쌓는
명료한 이치를 깨닫다

143
자기 신뢰감을 되찾는 과정

— 걱정이 지나치게 많은 사람에게는 '일'이라는 약이 때론 탁월한 치유 효과를 발휘한다. 이는 하버드 대학교 임상의학 교수이자 학계 권위자인 리처드 캐벗Richard Cabot 박사가 제창한 사고방식이다. "과도한 의심, 불안, 망설임, 공포 때문에 괴로워하며 정신적 마비 상태를 겪던 많은 환자가 일에 몰두하면서 회복하는 모습을 보고, 나는 의사로서 큰 기쁨을 느꼈다. 그들은 바삐 일함으로써 용기를 얻었다. 그것은 자기 신뢰감을 되찾는 과정과 같았다."

고민거리를 안고 있을 때 바쁘게 움직이는 것은 더없이 좋은 약이 되기도 한다. 아무것도 하지 않고 무기력하게 괴로워하다 보면, 더 큰 우울감에 잠식되어 행동력과 의지력을 완전히 잃을 수 있다.

144
불행에 빠지는 비결

— "불행해지는 비결은 간단하다. 지금 나는 행복한가, 불행한가를 고민하는 시간과 여유를 가지는 것이다."
노벨 문학상의 작가 조지 버나드 쇼가 한 말이다. 정말로 그렇지 않은가? 이런 일로 고민하는 것은 지금 당장 그만두자. 그리고 바쁘게 움직이자. 몸 구석구석으로 뜨거운 피가 돌기 시작하고 심장은 힘차게 뛸 것이다. 머리가 맑아지고 온몸에 생명력이 넘치는 대신, 쓸데없는 걱정거리는 저 멀리 날아갈 것이다.
지나친 걱정으로 몸과 마음이 쇠약해지는 것을 막기 위해 열심히 일하자. 끊임없이 바쁘게 지내는 것. 세상에서 가장 값싸지만 효과 만점인 묘약이다.

CARNEGIE

145

두려움과 걱정을 극복하는 단순한 이치

심리학자 헨리 링크Henry Link는 걱정과 우울증으로 괴로움을 호소하는 많은 사람과 면담했다. 그의 저서에서 '두려움과 걱정을 극복하는 것에 대하여'라는 장에 실린 한 환자의 사례를 소개한다. 링크 박사는 자꾸만 죽고 싶다고 말하는 남성과 면담하는 동안, 반대 의견을 내는 것은 언쟁을 일으키고 문제를 악화시킬 뿐임을 알았다. 그래서 이렇게 말했다. "꼭 그렇게 해야겠다면, 적어도 남들과 다른 영웅적인 방식으로 할 수는 있겠지요. 쓰러질 때까지 달리고 또 달리다가 죽는 겁니다." 남성은 박사의 말을 그대로 실행했다. 그것도 여러 번 시도했는데, 그때마다 몸은 고되어도 마음은 한결 가벼워짐을 느꼈다. 그리고 며칠 후, 박사가 의도한 일이 일어났다. 녹초가 되어 긴장이 풀린 남성이 기분 좋은 잠에 곯아떨어진 것이다. 이후 남성은 활력을 되찾았고 스포츠클럽에 가입해 시합에도 나갔으며, 오래도록 건강하게 살고 싶다는 의욕을 다지게 되었다.

C A R N E G I E

146

바쁘게 살아감으로써 슬픔을 치유한다

— 불의의 사고로 어린 딸을 잃은 한 남성은 너무나 비통한 나머지 삶의 의욕을 잃었다. 잠을 자지도, 일을 하지도 못했다. 의사가 처방한 수면제나 기분 전환을 위한 여행도 효과가 없었다.

"하지만 나에게는 네 살배기 아들이 있었고, 다행히도 그 아이가 해결책을 알려 주었습니다. 어느 날 의자에 앉아 넋을 놓고 있으니 아들이 다가와 장난감 배를 만들어 달라고 하더군요. 고통스러운 감정에 사로잡혀 아무것도 하고 싶지 않았지만, 끈질기게 조르기에 만들기 시작했지요. 완성하는 데 약 세 시간이 걸렸고, 저는 놀라운 경험을 했습니다. 몇 달 만에 처음으로 정신적인 휴식과 평화를 느꼈던 거예요. 무언가에 몰두하면 슬퍼하거나 걱정할 새가 없다는 것을 실감한 저는 쉴 새 없이 바쁘게 지내기로 했습니다. 계단과 책장, 수도꼭지 등 집 안 곳곳을 점검하며 이 년 동안 이백여 군데를 끊임없이 손봤지요. 그러는 동안 마음속을 채우고 있던 고통과 슬픔이 서서히 옅어졌습니다. 지금도 시민 활동이나 자선 활동을 하면서 바쁘게 지내고 있기에 우울할 틈이 없습니다.”

CARNEGIE

147

일에 몰두함으로써 습관적인 근심에서 벗어난다

━ 고민할 시간이 없을 만큼 바쁜 생활을 선택함으로써 '습관적인 근심'에서 벗어난 사람의 이야기를 들어보자. 식자재 납품 회사의 재무 담당자였던 남성은 대량의 식자재를 인수하기로 한 거래처가 갑자기 주문을 취소하는 바람에 치명적인 손해가 예상되자 깊은 고민에 빠졌다. 다행히 부도 위기 직전, 준비한 물량을 다른 시장에 판매해 고비를 넘겼지만 문제는 그때부터였다. 걱정과 불안이 사라지지 않고 마치 습관처럼 몸에 배어, 모든 문제에 극도로 과민해진 것이다.

"당시 나는 회사에서 일어나는 모든 일이 불안했습니다. 변수가 생기지 않을까 계속 걱정했어요. 결국 신경 쇠약과 불면증에 걸릴 정도로 상태가 나빠진 후에야 자포자기한 심정으로 나 자신에게 처방을 내렸어요. 걱정할 틈이 없을 만큼 바쁘게 생활하기로 삶의 방식을 바꾼 것입니다. 그리고 그것이 나를 구했습니다. 평소 하루 8시간 일했던 나는 오전 8시부터 늦은 밤까지 15시간을 일했어요. 한밤중에 집에 돌아가면 침대에 쓰러져 몇 초 만에 잠이 들었습니다. 석 달간 이 방식을 지속한 결과 지나친 걱정과 예민함에서 완전히 벗어날 수 있었고, 다시 하루 8시간 일하며 평온을 되찾았지요. 그 후로 18년이 지났지만, 그동안 불면증이나 과도한 걱정으로 고통받은 적은 한 번도 없습니다."

148

인간은 한 번에 하나의 일만 생각한다

— 바쁘게 생활하는 것이 걱정을 줄이는 데 도움이 되는 이유는 무엇일까? 심리학의 기본 법칙에 단서가 있다. 인간은 무언가에 몰두하는 동안에는 다른 일에 대한 생각을 병행할 수 없기 때문이다. 믿지 못하는 사람들은 실험해보자. 눈을 감고 '자유의 여신상'과 '내일 해야 할 일정'을 동시에 떠올려보자. 아마도 불가능할 것이다. 그 둘을 번갈아 떠올릴 수는 있지만, 완전히 동시에 떠올릴 수는 없다.

감정도 이와 비슷하다. 즐거운 생각으로 설레는 것과 슬픈 생각으로 비참해지는 것은 동시에 이루어질 수 없다. 전쟁터에서의 참혹한 경험 때문에 정신적 충격에 시달리는 군인들에게 끊임없이 바쁘게 지낼 것을 처방한 예도 같은 이유에서다. 낚시, 야구, 골프, 댄스, 사진 등의 취미에 몰두하게 함으로써 트라우마로 고민할 틈이 없도록 한 것이다.

149
마음의 병을 치유하는 명약

— 끊임없이 바쁘게 지내는 것이 마음의 병을 앓는 이들에게 특효를 발휘한다는 것은 정신의학자 대부분이 동의하는 사실이다. 시인 헨리 롱펠로Henry Longfellow는 끔찍한 화재로 젊은 아내를 잃은 후 그것을 실감했다.

비극적인 사고 이후 롱펠로는 당시의 고통스러운 기억 때문에 심각한 우울증에 빠질 뻔했으나, 다행스럽게도 그에게는 보살핌이 필요한 세 명의 어린 자녀가 있었다. 롱펠로는 아이들을 위해 아버지와 어머니의 역할을 다하는 것으로 슬픔을 극복했다. 아이들의 식사와 잠자리를 살뜰히 보살피고, 함께 숲을 거닐고, 옛날이야기를 들려주고, 자장가를 불러주었다. 동시에 단테의 시집을 번역하며 끊임없이 바쁘게 생활함으로써 고통의 감정에서 서서히 벗어나 마음의 평안을 되찾았다.

CARNEGIE

150
슬픔을 극복하는 방법

— 영국의 시인 앨프레드 테니슨Alfred Tennyson은 절친한 벗이었던 시인 아서 할람Arthur Hallam을 잃은 슬픔을 극복하고자 하는 마음을 이렇게 표현했다.

“절망으로 시들어 말라 죽기 전에, 나는 끊임없이 행동에 몰두해야 한다.”

C A R N E G I E

151

걱정이 소리 없이 다가올 때

— 대다수의 사람은 특별한 계획을 세우거나 애쓰지 않아도 '걱정을 잊을 정도로 행위에 몰두하는 것'이 가능하다. 하루하루의 일과에 매진하면 되기 때문이다. 문제는 일을 마친 후다. 휴식과 여유를 만끽해야 할 시간이지만, 바로 이런 틈으로 '걱정'이라는 악마가 소리 없이 다가온다. 우리는 크고 작은 문제를 곱씹기 시작한다. 지금 제대로 사는 게 맞는지, 앞으로 잘 해낼 수 있을지, 병에 걸리지는 않을지 등의 모호한 걱정 덩어리가 머릿속을 떠다니고, 오늘 상사에게 들은 질책과 친구와의 사소한 말다툼이 마음에 무겁게 내려앉는다.

바쁘게 살아가지 않을 때 우리 마음에는 빈자리가 생기고, 그곳으로 여러 가지 감정이 밀려든다. 그중 걱정, 공포, 증오, 시기, 질투 등의 부정적인 감정은 맹렬한 힘을 지니고 있기에 평화롭고 행복한 기분을 쉽게 압도하고 만다.

CARNEGIE

152
건설적인 일을 찾고 그에 몰두하라

— 컬럼비아 대학교의 교육학자 제임스 머셀James Mursell은 이렇게 말했다. "걱정은 무언가에 집중하는 동안은 찾아오지 않지만, 하루의 일을 마치면 그 얼굴을 든다. 상상력이 함께 날뛰며 망상이 잇따르고, 사소한 일을 부풀려 생각하기 시작한다. 우리 마음은 아무런 부하가 걸리지 않은 모터처럼 격렬하게 회전하다 자멸해버릴 우려가 있다. 그렇기에 과도한 걱정에서 벗어나는 방법은 건설적인 일을 찾고, 그에 몰두하는 것이다."

이는 굳이 대학교수가 아니라도 깨달을 수 있는 사실이다. 한 여성은 2차 세계대전에 참전한 아들이 걱정되어 병에 걸릴 지경이었지만, 곧 마음을 다잡을 수 있었다. 비결은 정신적으로나 육체적으로나 다른 생각을 할 여유가 없도록 건설적인 일에 몰두한 것이었다. 처음에는 집안일에 매달렸지만, 그것으로는 걱정을 완전히 떨칠 수 없었던 여성은 백화점 직원으로 일하기 시작했다. “이 방법은 매우 효과적이었어요. 온종일 사람들을 응대하느라 정신없다 보니, 집에 돌아와 식사를 한 후 완전히 곯아떨어졌죠. 아들의 얼굴을 떠올릴 시간도 없을 정도였으니까요.”

153
슬픔에 잠기는 시간을 없앤다

▬ 세계적으로 유명한 탐험가 오사 존슨Osa Johnson은 남편과 함께 세계를 여행하며 아시아와 아프리카의 신비로운 자연을 영상에 담았다. 미국으로 돌아온 부부는 영상을 편집해 영화를 제작했고, 탐험을 주제로 한 강연을 열기도 했다. 그런데 어느 날 그들이 탄 비행기가 추락하는 사고가 발생했다. 그 일로 남편은 세상을 떠났고 존슨은 중상을 입었다. 의료진은 그녀의 부상이 매우 심각해 평생 침대에서 지내야 할 것이라고 말했다.

그러나 의료진의 예상은 보기 좋게 빗나갔다. 석 달 뒤 존슨은 휠체어에 의지해 수많은 청중 앞에 나타나 열띤 강연을 펼쳤다. 그녀는 그 시즌에만 백여 차례가 넘는 강연을 소화했다. 후일, 왜 그토록 힘들고 무리한 일정을 강행했냐는 나의 질문에 존슨은 이렇게 답했다. "그래야만 슬픔에 잠기는 시간을 없앨 수 있었으니까요."

154
명확한 목적을 세운다

— 리처드 버드Richard Byrd 미 해군 제독은 광대한 남극대륙을 탐험하는 여정에서, 만년설 속 오두막집에 고립되어 다섯 달을 홀로 지냈다. 낮도 밤처럼 캄캄하고 추워서 입김이 얼어붙는 소리가 들릴 것 같았다. 제독은 극한의 환경 속에서 온전한 정신을 유지하기 위해 매일 밤, 다음날의 계획을 수립했다. '탈출용 터널을 만드는 데 1시간, 눈을 치우는 데 1시간, 연료통 정비에 1시간, 썰매 수리에 2시간' 이런 식이었다. 그는 당시를 이렇게 회상했다. "시간을 분배하고 계획한 것은 매우 훌륭한 선택이었다. 그럼으로써 나는 평정심을 유지할 수 있었다. 명확한 목적과 계획, 행동이 없었다면 하루하루를 그저 무의미하게 흘려보냈을 것이고, 고독한 그곳에서의 삶은 분명 나를 완전히 무너뜨렸을 것이다."
이 말에는 깊은 의미가 담겨 있다. 명확한 목적이 없는 무의미한 날들은 무너질 수밖에 없다. 우리는 이 말을 기억해야 한다.

155

취미에 몰두하며 스트레스 없는 생활을 보낸다

━ 델 휴스Del Hughes는 군 복무 중 낙하 훈련에서 부상을 입고 상이군인 병원에 입원했다. 갈비뼈가 골절되고 부러진 뼈가 폐를 찌른 큰 부상이었다.

"석 달간 입원 치료를 받은 후 내가 주치의에게 들은 말은 충격적이었습니다. 몸이 전혀 회복되지 않았다고 했어요. 나는 그 원인을 곰곰이 생각했고, 회복이 더딘 원인이 '지나친 걱정'에 있다는 결론을 내렸습니다. 사고 전까지 나는 무척 활동적으로 생활하던 사람이었지만, 다친 후부터는 침대에만 누워 이런 저런 걱정과 망상을 하며 대부분의 시간을 보낸 게 사실이었습니다. 예전처럼 건강해질 수 있을까, 사회에 나가면 제대로 활동할 수 있을까 등등 온갖 걱정에 잠을 설쳤죠."

생각이 여기까지 미치자, 휴스는 일단 주치의에게 부탁해 '컨트리클럽'이라 불리는 옆 병동으로 자리를 옮겼다. 컨트리클럽에서는 부상병들이 자유롭게 여가를 즐길 수 있었기에 휴스는 여러 가지 활동에 참여했다. 카드놀이, 유화 그리기, 조각, 독서를 즐겼으며 심리학 서적도 틈틈이 읽었다. 날마다 즐겁고 새로운 활동들이 이어졌기에 걱정에 잠기는 시간도 자연히 줄어들었다. 그리고 석 달 뒤, 휴스는 기쁜 소식을 들을 수 있었다. 휴스의 상태를 검사한 주치의가 경이적인 회복이라는 진단을 내린 것이다. 불필요한 걱정과 스트레스 때문에 차도를 보이지 않던 몸이, 취미에 몰두하며 즐겁게 생활하자 거짓말처럼 완쾌된 놀라운 결과를 낳은 사례다.

CARNEGIE

156

운동은 최고의 걱정 해독제다

— 뉴욕에서 활동하는 변호사 에디 이건Eddie Eagan이 스트레스 해소와 정신 건강을 위해 선택한 방법은 운동이다. 올림픽 복싱 챔피언이기도 한 그는 격한 운동을 즐김으로써 머릿속을 어지럽히는 번민을 몰아낸다.

"무언가 걱정거리가 있거나 마음이 답답할 때 운동을 해보세요. 머리가 한결 맑아질 겁니다. 달리기나 자전거 하이킹을 즐기며 기분 전환을 하는 거지요. 몸이 피곤해지는 대신 마음을 괴롭히는 걱정에서 벗어나 정신적인 휴식을 취할 수 있습니다. 스쿼시나 샌드백 치기 같은 격렬한 활동에 열중하다 보면 산처럼 쌓였던 근심거리가 어느새 평탄한 언덕이 되어 있는 걸 느낄 수 있어요. 걱정을 줄이는 최고 해독제는 운동입니다. 머릿속이 스트레스로 가득할 때, 근육을 더 많이 쓰고 뇌를 적게 쓰는 것만으로도 놀라운 휴식 효과를 얻을 수 있습니다."

CARNEGIE

157 육체 피로를 가중시킨다

— 불면증을 해소하는 효과적인 방법 하나는 육체적인 피로를 가중시키는 것이다. 가령 수영, 등산, 테니스, 골프, 스키, 혹은 단순하되 강도 높은 노동이 좋다. 소설가 시어도어 드라이저가 선택한 방법도 극한 노동이었다. 심한 불면증으로 고민하던 젊은 작가 드라이저는, 철도회사의 선로 관리원으로 일하며 몸을 고단하게 만듦으로써 문제를 해결했다. 하루 일이 끝날 무렵에는 완전히 지쳐서 밥도 먹지 않고 곯아떨어졌다고 한다.

인간은 엄청난 공포와 위험 속에서도 극심하게 피곤하면 잠에 빠진다. 저명한 신경학자 포스터 케네디Foster Kennedy는 제1차 세계대전 중 영국군이 퇴각하는 긴장된 상황에서, 극도로 지친 병사들이 땅바닥에 쓰러져 혼수상태에 빠지듯이 깊은 잠을 자는 모습을 목격하기도 했다.

C A R N E G I E

158

걱정을 멈추는 무기

— '걱정을 사서 한다'라고 주변에서 말할 만큼 사소한 일에 과도하게 집착하고 걱정하는 성향이 강했던 한 남성은 몇 년 전 여름, 특별한 경험을 한 후로 그러한 버릇을 고칠 수 있었다.

평소 알래스카 어선 생활을 동경했던 그는, 어느 날 연어잡이 배의 선원으로 합류하게 되었다. 하지만 실제 맞닥뜨린 어선에서의 생활은 상상을 넘어선 가혹한 노동의 연속이었다. 밤낮 구별 없이 하루에 20시간을 일해야 할 정도로 작업이 끊이지 않았는데, 그중 조수의 흐름에 맞추어 그물을 끌어 올리는 일은 정말 고된 노동이었다. 매일 밤 온몸이 두들겨 맞은 듯 아팠다. 겨우 휴식 시간이 찾아오면 딱딱하고 축축한 매트리스에서 잠을 청했는데, 편치 않은 환경임에도 완전히 탈진한 남성은 눕자마자 잠에 빠져들었다. 평소처럼 걱정과 불안을 느낄 여유는 1초도 없었다. 근육통과 피로만이 가득한 생활이었다.

그러나 그 모든 것을 견딘 덕분에 남성은 커다란 선물을 얻었다. 걱정을 멈출 수 있는 무기를 지니게 된 것이다. 그때의 경험 후, 곤란한 문제에 직면하면 걱정에 사로잡히는 대신 이렇게 묻는다. '그 여름 어선에서의 체험보다 괴로운가?' 그리고 마음은 언제나 '물론 그럴 리가 없지.'로 답한다. 극한 환경을 극복하며 걱정하는 버릇을 없애고 자신감을 얻음으로써 일상의 문제에 긍정적으로 맞설 수 있게 된 것이다.

CARNEGIE

159

고민할 새가 없었던 위인들

— ‘너무나 바빠 걱정할 틈이 없다.’ 영국 총리 윈스턴 처칠도 바로 이런 말을 했다. 2차 세계대전이 한창이던 위태로운 시절, 하루 18시간씩 혼란하고 긴박한 상황을 진두지휘하던 처칠은 “국가 존망의 기로를 걱정한 적이 있는가?”라는 질문에 “너무 바빠서 걱정할 틈이 없소.”라고 답했다.

제너럴 모터스 부사장이자 연구소를 이끈 발명가 찰스 케터링Charles Kettering도 비슷한 일화가 있다. 자동차 엔진을 개발할 당시 그는 매우 어려운 조건에서 연구에 임했다. 대출을 받고 생활비까지 연구에 쏟아야 할 만큼 열악한 상황 속에서 그의 아내는 “걱정 때문에 밤에 잠이 안 온다.”라고 했지만, 케터링은 “개발에 전념하느라 걱정할 틈이 없다.”라고 말한 바 있다.

프랑스의 위대한 과학자 루이 파스퇴르Louis Pasteur는 실험실에 있을 때 마음의 평안을 얻었다고 한다. 연구에 몰두하고 있으면 어떤 일도 걱정할 겨를이 없었기 때문이다.

C A R N E G I E

160

더없이 축복받은 사람

— "무한한 열정을 가지고 일한다면, 그 일이 무엇이든 성공할 것이다." 기업가 찰스 슈워브Charles Schwab의 말이다.

하지만 하고 싶은 일이 무엇인지 스스로도 알지 못한다면 열정을 불태울 방법도 없다. 대기업의 인사 책임자로 수천 명의 면접을 주관한 에드나 커Edna Kerr는 "내가 생각하는 최대의 비극은, 너무나도 많은 젊은이가 진정으로 하고픈 일이 무엇인지 모른다는 것입니다. 자기 일에서 성취하는 바가 연봉이 전부인 사람만큼 안타까운 존재는 없습니다."라고 말했다.

자신에게 맞는 직업을 찾는 것은 건강에도 중요한 영향을 미친다. 존스 홉킨스 대학교의 레이먼드 펄Raymond Pearl 박사는 장수의 비결을 연구하면서 '자신에게 맞는 직업'을 장수의 중요 요인으로 꼽았다. 영국의 비평가 토머스 칼라일은 이렇게 말했다. "천직을 찾은 사람은 더없이 축복받은 사람이다."

C A R N E G I E

161

맞지 않는 일은 마음의 병을 부른다

— 걱정에 대처하는 방법을 말하면서 직업 선택의 문제를 언급하는 것이 이상하고 뜬금없게 여겨질지 모르겠다. 그러나 좋아하지 않는 직업을 선택한 탓에 걱정이나 후회, 불만이 생기는 것을 고려하면 결코 이상한 주제가 아님을 공감할 것이다. 일을 즐기거나 열정을 쏟을 동기를 느끼지 못한 채, 자신과 맞지 않는 일을 하는 사람들은 불행지수가 높을 수밖에 없다.

정신의학자 윌리엄 메닝거William Menninger는 "일에 흥미가 없거나, 맡은 역할이 잘못되었다고 느끼거나, 인정받고 있지 못한다고 느끼거나, 재능을 발휘하기 힘든 직장에 있다고 느끼면 머지않아 몸과 마음에 병이 생길 우려가 있다."라고 말했다. 영국의 경제학자 존 스튜어트 밀John Stuart Mill은 사람들이 부적합한 일에 종사하는 것은 '사회의 크나큰 손실 중 하나'라고 단언했다.

CARNEGIE

162

반대를 무릅쓰고 천직을 찾은 젊은이

― 세탁소를 운영하는 한 남자는 아들이 가업을 잇길 바라며 본격적으로 일을 가르쳤다. 그러나 세탁소 일에 조금도 관심이 없었던 아들은 일을 배우는 것 자체가 고역이었고, 자연히 결근도 잦았다. 그러던 어느 날, 아들이 아버지에게 기계 정비공이 되고 싶다는 포부를 밝혔다. 세탁소보다 훨씬 거칠고 고된 일을 하겠다는 말에 아버지는 반대했지만, 아들은 고집을 꺾지 않았고 원하는 일을 시작했다. 장시간 노동도 마다하지 않으며 기계 다루는 일을 진심으로 즐겼고, 엔진 원리를 익히기 위해 본격적으로 공학 공부에 매진했다.

이는 훗날 보잉사 사장에 오른 필립 존슨Philip Johnson의 이야기다. 그는 2차 세계대전 승리에 큰 역할을 한 폭격기 제작에 참여하기도 했다. 만약 존슨이 부친의 뜻에 따라 세탁소 일을 계속했다면 어떻게 되었을까? 추측하건대 부친이 세상을 떠난 뒤 그는 가업을 파탄시켰을 것이다.

CARNEGIE

163

즐길 수 있는 일을 발견하라

해리 에머슨 포스딕 목사는 "직업을 선택할 때 우리는 도박사가 된다. 인생을 걸어야 하기 때문이다."라고 말했다. 이 도박에서 패할 확률을 낮추려면 어떻게 해야 할까?

먼저 즐길 수 있는 일을 찾으려는 노력이 선행되어야 한다고 기업가 데이비드 굿리치David Goodrich는 말한다. "일에서 성공하는 첫 번째 조건은 일을 즐기는 것입니다. 즐겁게 일하면 오랜 시간 에너지를 쏟더라도 지치거나 싫증 날 확률이 월등히 낮아집니다. 일한다는 감각보다는 즐거운 놀이처럼 몸과 마음이 받아들이니까요."

발명가 토머스 에디슨Thomas Edison이 전형적인 사례다. 연구소 안에서 식사를 해결하고 숙박하며 하루 18시간을 발명에 몰두한 그에게 그 시간은 힘든 노동이 아니었다. "나는 평생을 살면서 하루도 일한 적이 없어요. 모든 게 놀이였으니까요."

164

행복도 불행도 온전히 당신의 몫

— 당신이 가족과 갈등을 빚을 우려가 생길지라도, 나는 이 말을 꼭 전하고 싶다. 오로지 가족의 바람과 요구 때문에 직업을 선택하는 일이 없기를 바란다. 물론 부모님의 조언은 진지하게 귀 기울여야 하는 소중한 정보다. 그들은 당신보다 갑절이 넘는 시간만큼 많은 세상을 경험했고 그로써 얻은 지혜가 있기 때문이다. 그러나 결국 최종적인 결정은 당신 자신의 판단이어야 한다. 그 결정으로 행복해지는 것도, 불행해지는 것도 온전히 당신의 몫이기 때문이다.

CARNEGIE

165

당신을 가장 잘 아는 사람

— 직업 상담사는 개인의 적성을 고려해 최적의 직업을 추천해주는 전문가다. 그러나 직업 상담사는 어디까지나 '제안하는 것'일 뿐 결정하는 것은 당신이다. 또한 직업 상담사 간에도 상반된 분석을 하거나, 잘못된 판단을 내릴 때도 있다. 실제로 그들은 종종 어리석은 실수를 범한다. 가령 어휘력이 풍부하다는 이유만으로 작가가 되도록 조언하는 것이 그렇다. 이렇게 바보 같은 이야기가 있을까? 직업은 그처럼 단순하게 분류되는 것이 아니다. 가령 작가가 되기 위해서는 아이디어, 경험, 감성, 신념 등이 더해져야 한다. 어휘력이 풍부하지 않아도 가슴을 울리는 좋은 글을 쓸 수 있으며, 어휘력이 풍부하다 해도 누구나 좋은 작가가 될 수 있는 것은 아니다.

166

연륜 있는 경험자에게 조언을 구하라

— 직업을 선택할 때는 염두에 둔 직업에 관해 가능한 한 많은 정보를 수집하라. 이때 해당 직종에 오랫동안 종사한 경험자의 이야기를 듣는 것은 매우 중요하다. 가령 건축가가 되고자 한다면 연륜 있는 건축가에게 여러 가지 조언을 정중히 청해보자. 상대가 흔쾌히 응해줄까 걱정하기보다는 일단 시도해 보자. 조언을 부탁한다는 것 자체가 상대를 향한 경의의 표시다. 그리고 어른은 젊은이에게 조언하는 것을 좋아한다. 지금 당신의 인생에서 매우 중대하고 커다란 결정을 앞두고 있음을 기억하고, 선택과 행동에 앞서 확인 가능한 사실들을 알아내는 데 시간을 들여라. 그렇지 않으면 반평생을 후회하며 보낼지 모른다.

167
적성에 맞는 직업이 하나만 있는 것은 아니다

━ 혹여 당신의 천직이 하나뿐일 거라는 생각을 하고 있다면 우선 그 믿음부터 버리자. 누구든지 다양한 직종에서 복수의 적성을 찾고 성공을 거둘 수 있다. 물론 여러 일에서 실패할 수도 있다. 일 처리에 관한 경험과 선호도에 비추어 보건대, 내 경우를 예로 들자면 편집, 교육, 의료, 판매, 광고, 농업, 임업의 분야라면 적성에도 맞고 성공할 가능성이 크리라 생각한다. 그러나 만약 경리, 재무, 호텔이나 공장 경영, 건축, 기계 분야의 직업을 가졌다면 분명 실패하고 불행을 맛보았을 것이라는 판단이 든다.

168
진정 운이 좋은 사람

— "자기 일을 즐기는 사람이야말로 진정 운이 좋은 사람이다." 어느 코미디 뮤지컬에 나오는 대사의 일부다. 그들은 행운아가 맞다. 매일 절대 짧지 않은 시간 동안 활기차고 행복하게 무언가에 몰두할 수 있기 때문이다. 걱정거리와 불만도 그만큼 줄어든다. 자연히 피로감도 적게 느끼기에 에너지를 비축할 수 있고, 일 외의 시간도 더욱 충실히 즐길 수 있다. 삶의 밀도가 달라지는 것이다.

C A R N E G I E

169

일을 즐기고 몰두하는 것의 혜택

— 당신의 상사는 매출 증가를 위해 당신이 일에 좀 더 전념하기를 원할 것이다. 하지만 그가 원하는 것은 잊어라. 일을 즐기고 몰두하는 것이 당신 자신에게 어떤 도움이 될지만 생각하라. 인생에서 얻는 행복의 양이 두 배가 될 수 있다는 사실을 상기하라. 왜냐하면 우리는 깨어 있는 시간의 절반가량을 일하며 보내기 때문이다. 자기 일을 즐기고 성취감을 만끽함으로써 걱정과 스트레스를 잊을 수 있으며, 그것은 곧 승진과 연봉 인상으로 이어진다. 설사 그 같은 혜택이 없을지라도 정신적 피로가 월등히 줄어듦에 따라, 그 밖의 삶에 더 큰 에너지를 쏟을 수 있다.

CARNEGIE

170
싫어하는 일을 두근거리는 모험으로 바꾼다

— 여행 경비가 바닥나는 바람에, 우연히 프랑스 파리에서 외판원으로 일하게 된 한 남성이 누구도 예상치 못한 놀라운 실적을 거두었다. 말도 잘 통하지 않은 타지에서 낯선 업무를 훌륭히 해낸 그의 비결은, 창피하고 지루하게 여겼던 방문 판매를 두근거리는 모험으로 바꾼 데 있었다.

"먹고 살려면 싫은 일이라도 해야 했죠. 그리고 어차피 해야 하는 일인데 즐기지조차 못한다면, 그거야말로 큰 손해라고 생각했어요. 그래서 난 고객의 집 앞에서 초인종을 누를 때마다 상상하기로 했습니다. 나는 그들 앞에 등장해 스포트라이트를 받는 배우라고요. 현관에 서서 상품을 홍보하며 고객을 설득하는 일은 무대 위에서 연기하는 것만큼이나 설레고 기대되는 경험으로 바뀌었죠. 해야 할 일을 즐길 수 있도록 발상을 전환해 열정을 쏟는 것, 그것이 일에서의 성공뿐 아니라 삶의 기쁨을 늘릴 수 있었던 나만의 비결이었습니다."

CARNEGIE

171
아이디어를 발휘해 흥미를 돋운다

━ 공장 작업대에서 종일토록 볼트를 만드는 반복된 업무에 진력난 청년이 있었다. 일을 관둘까도 싶었지만, 불황 속에서 마땅한 일자리를 구할 수 없을지 모른다는 불안감이 그를 막았다. 청년은 지루한 작업에 좀 더 활력을 불어넣을 방법을 찾기 시작했고, 함께 근무하는 동료와 어느 쪽이 볼트를 더 많이 생산할 수 있는지 경쟁하기로 했다. 매일 실력을 겨루는 과정에서 생산성은 월등히 높아졌고, 공장장은 아이디어를 발휘한 청년의 능력과 태도를 높이 평가해 그를 좀 더 높은 직책으로 옮겨 주었다. 그 뒤로 청년은 승진을 거듭했고, 삼십 년 후 볼드윈 기관차 제조회사의 경영자가 되었다. 그의 이름은 새뮤얼 보클레인Samuel Vauclain이다. 지루하게만 여겨졌던 일에 흥미를 느끼려는 노력을 하지 않았다면, 보클레인은 언제까지나 기계공에 머물렀을지 모른다.

172
작업 효율이 떨어지는 진짜 원인

━ 컬럼비아 대학교의 에드워드 손다이크Edward Thorndike 박사는 젊은 사람들을 대상으로 피로에 관한 실험을 했다. 박사는 피실험자들이 즐거움과 흥미를 쉴 새 없이 느낄 수 있는 환경을 만들어줌으로써 거의 일주일가량 잠을 자지 않도록 만들었다. 그리고 다음과 같은 결론을 내렸다. "일의 능률을 떨어뜨리는 진짜 원인은 바로 지루함이다."

173
걱정과 불안이 피로를 가중시킨다

— 만약 당신이 정신 노동을 하는 일에 종사하고 있다면, 당신을 피곤하게 만드는 진짜 원인은 실제 처리한 업무량이 아닌, 아직 처리하지 못한 업무에서 비롯되는 것인지 모른다.
이런저런 문제로 일에 집중하지 못하는 날이 있다. 약속이 깨져 낭패감에 사로잡히고, 정리된 일은 하나도 없다. 제대로 해 놓은 것 없이 집으로 돌아가는 그날의 발걸음은 어느 때보다 무겁고 지친다. 반면, 의욕이 샘솟고 모든 것이 순조롭게 풀리는 듯한 날을 보자. 전날보다 몇 배나 많은 일을 처리하고 더 많은 사람을 만났다. 퇴근도 평소보다 늦었지만, 집으로 돌아가는 당신의 발걸음에는 어제와 다른 경쾌함과 활력이 실려 있다.
우리 모두 비슷한 경험이 있다. 대개 피로는 노동량 자체 때문에 생기기보다는 일이 만족스럽지 못한 데 따른 걱정과 불안에 의해 가중된다.

174 피로를 유발하는 주범

지루함이야말로 극심한 피로를 유발하는 주요 원인이다. 우리 주변에서 흔히 볼 수 있는 예를 떠올려 보자. 어느 저녁, 한 여성이 퇴근 후 완전히 녹초가 되어 집에 돌아왔다. 완전히 지친 나머지 식사도 거르고 침대로 가고 싶었지만, 어머니의 권유에 못 이겨 겨우 식탁에 앉았다. 그때 전화가 울렸다. 댄스 파티에 함께 가자는 친구의 전화였고, 그녀는 정신이 번쩍 뜨였다. 아끼는 원피스를 입고 외출한 그녀는 밤늦도록 신나게 춤을 즐겼다. 어찌나 즐거운 시간을 보냈던지, 집에 와서도 들뜬 마음을 진정하기 어려웠다.

불과 몇 시간 전 피로에 지친 모습은 연기였을까? 아니다. 그녀는 정말 피곤했다. 쳇바퀴 도는 듯한 일상에 지긋지긋한 권태를 느끼고 있었고, 그것이 육체적·심리적인 피로를 유발했다. 많은 이가 호소하는 '피로감' 역시 이와 비슷한 이유일 수 있으며, 당신도 그중 한 사람일 수 있다.

C A R N E G I E

175

지루함을 느낄 때 육체는 피로를 호소한다

━ 얼마 전 나는 로키산맥에 흐르는 어느 강에서 송어 낚시를 했다. 숲속의 험난한 길을 걸었지만, 여덟 시간이 지나도 전혀 피곤하지 않았다. 그토록 좋아하는 걷기와 낚시를 하고 있자니 발걸음이 가벼웠고, 송어를 여섯 마리나 낚아 성취감이 마음을 뿌듯하게 채웠기 때문이다. 하지만 만약 낚시를 싫어하는 사람이라면 어땠을까? 해발 이천 미터가 넘는 높은 산을 오르락내리락하면서 완전히 녹초가 되었을 것이다.

우리가 느끼는 피로는 육체적 자극보다는 정신적 자극에 더 민감한 영향을 받는다. 조지프 바맥Joseph Barmack 박사는 권태가 피로를 유발한다는 실험 결과를 발표했다. 일부러 지루하고 재미없는 방식으로 실험을 고안해 학생들을 참여케 하고 관찰했더니, 이내 학생들은 피로와 졸음을 호소했다. 일부는 두통과 눈의 피로를 경험했으며, 심한 경우 울렁거림 등 위장의 불편함까지 느꼈다. 이 현상들이 단순히 우연의 일치나 기분 탓이었을까? 그렇지 않다. 실제로 학생들의 신진대사를 검사했더니 지루함을 느낄 때는 혈압이 내려가고 산소 소비량도 감소하지만, 흥미로운 작업에 참여해 즐거움을 느끼기 시작하자 온몸의 신진대사가 즉시 회복되었다.

C A R N E G I E

176

가장 값진 보상

— 석유회사에서 일하는 한 사무원은 업무 특성상 매우 지루한 작업을 매달 삼사일간 규칙적으로 해야 했다. 표준 계약서에 일련 번호와 통계치를 입력하는 일이었는데, 정말 따분하기 짝이 없었다. 매달 돌아오는 시간을 어떻게든 재미있게 보낼 수 없을까 고민하던 사무원은 방법을 생각해냈다. 그건 바로 자신과의 경쟁이었다. 매일 아침 작성할 서류 목표량을 정해 놓고, 그것을 달성하기 위해 속도를 냈다. 그렇게 완성한 서류 수를 기록하고, 이튿날은 그 기록을 뛰어넘기 위해 노력했다. 그 결과 사무원은 다른 어떤 직원보다 많은 서류를 빠르게 처리할 수 있었다. 그래서 사무원이 얻은 가장 값진 보상은 무엇이었을까? 칭찬, 감사, 승진, 급여 인상? 모두 아니다. 그 무엇보다 지루함을 몰아내고 흥미롭게 일함으로써 피로를 예방한 일이다. 권태에 짓눌려 지치는 일이 없기에 사무원은 더 큰 활력과 열정으로 일에 임할 수 있었다.

CARNEGIE

177
부정적인 감정을 거두고 즐겁게 일한다

━ 직장에 일하러 가는 것이 마치 지루한 싸움을 하러 나가는 듯 고역이었던 한 속기사는 자기 일에 대한 부정적인 감정을 거둠으로써 스트레스를 줄이고 상사로부터 능력을 인정받았다.

"나는 업무 관련 문서와 서신을 타이핑하는 일을 담당하고 있습니다. 사실 무척 지루한 일이죠. 어느 날 상사가 장문의 서신을 처음부터 모두 다시 작성하라고 하더군요. 순간 짜증이 치밀었습니다. 다시 작성하는 것보다 필요한 부분만 수정하면 되지 않느냐고 반론했죠. 그러자 상사는 '당신이 하기 싫다면 다른 속기사에게 맡기면 된다.'라고 했습니다. 참고로 사무실에는 나를 포함해 네 명의 속기사가 있습니다. 화가 났지만 꾹 참고 서신을 다시 작성했어요. 그런데 문득 이런 생각이 스쳤습니다. '나를 대신할 사람은 많고, 나는 이 일을 하는 대가로 급여를 받고 있잖아.' 흥분한 마음을 가라앉히고 마음을 고쳐먹었습니다. 자꾸 부정적으로 생각하며 불만을 키울 것이 아니라 이왕 해야 할 일, 나 자신을 위해 즐겁게 해내기로요. 냉정히 생각한 덕분에 마음은 한결 가벼워졌고, 실제로 일이 좀 더 즐거워졌습니다. 효율도 눈에 띄게 높아졌죠. 그리고 어느 날 임원 한 분으로부터 개인 비서가 되어 줄 수 없냐는 제의를 받았습니다. 많은 일을 처리하면서도 언제나 밝고 적극적으로 임하는 모습이 프로답다면서요. 마음가짐을 바꾸지 않았다면 절대 오지 않을 기회가 찾아온 거예요."

178
사소하지만 의미 있는 결단이 인생을 바꾸다

할런 하워드Harlan Howard는 고등학생 시절, 인생을 바꾸는 현명한 결단을 내렸다. 하워드는 방과 후 자신이 다니는 학교 식당에서 접시를 닦고 아이스크림을 파는 아르바이트를 했다. 그 역시 또래 고등학생들처럼 아이스크림을 먹으며 데이트나 스포츠를 즐기고 싶었지만 생활비를 스스로 벌어야 하는 처지이기에 그럴 수 없었다.

그래서 하워드는 결단을 내렸다. 무감각하게 아이스크림을 퍼주며 불만 가득한 시간을 보내기보다는 눈앞의 대상을 연구하며 의미를 찾아보기로 말이다. 아이스크림은 어떻게 만들고, 어떻게 다양한 맛을 내는지에 관한 화학적인 원리를 파고들었다. 나아가 그 일을 계기로 대학에서 식품 화학을 전공했고 전미 대학생을 대상으로 한 '코코아와 초콜릿 활용'에 관한 논문대회에 응시한 결과, 당선되어 상금도 받았다. 하워드는 대학교를 졸업해도 취업하기 어려웠던 당시의 상황에서 자택 지하에 식품 화학 연구실을 차렸고, 때마침 개정된 법안의 영향으로 지역의 여러 유업 회사로부터 우유 품질 검사를 의뢰받아 두 명의 조수까지 둘 정도로 일이 쏟아졌다. 대성공이었다.

만약 하워드가 자신의 처지를 비관하고 불평하며 그저 시간만 채우려고 했다면 어땠을까? 자기 일에 재미와 의미를 부여하려고 노력하지 않았다면 그 같은 기회와 성공은 이루지 못했을 것이다.

| 엮은이의 말 |

이 책은 1944년에 출판된 데일 카네기의 고전 명저 《자기관리론》, 원제로는 《How to Stop Worrying and Start Living》의 초판본을 새롭게 옮긴 책입니다. 저작권이 만료된 초판본에서 핵심만을 간결하게 정리한 책을 내고 싶다는 출판사의 기획 제의를 받아, 이를 초역(超譯)이라는 형태로 엮었습니다. 참고로 1984년 유족에 의해 재발간된 개정판에는 없는 흥미로운 에피소드도 일부 실려 있습니다.

데일 카네기는 자기계발과 인간관계 분야의 대가로 꼽히며, 한 세기 가까이 흐른 오늘날까지도 수많은 사람들에게 깊은 영감을 전하는 성공 멘토로 자리매김하고 있습니다. 데일 카네기는 《인간관계론》과 《자기관리론》이라는 세계적인 명저를 남겼습니다. 전자는 인간 본성과 타인이란 존재를 이해함으로써 성공적이고 행복한 인간관계를 맺는 방법을 말하고 있다면, 후자는 인생 전반에서 개인이 겪을 수 있는 걱정과 불안에서 벗어나 삶의 질을 개선하는 방법을 이야기하고 있습니다.

자기계발의 원류라고 할 수 있는 《자기관리론》은 '걱정'이란 것의 실체를 철저히 분석하고, 동서고금의 철학자와 위인, 보통의 사람들이 자기 삶을 덮친 걱정과 불안에 어떻게 맞서 왔는지 실재적이고 구체적인 사례를 들어 생생히 소개합니다.

걱정과 스트레스를 몰아내고 삶에 대한 긍정적인 시선, 자신감과 여유를 내면에 불러일으키기 위하여 카네기가 제안하는 해결책은 새롭거나 기발한 방법이 아닙니다. 카네기가 강조했듯이 모두가 알지만 실천하지 못하고 있는 삶의 올바른 방식이지요. 카네기는 이를 날카로운 시선으로 재해석해, 놀랍도록 설득력 있고 사려 깊은 목소리로 독자들의 마음을 두드립니다. 그리고 당장 행동하기를 촉구하지요.

이 책을 읽는 여러분도 카네기의 조언에 힘입어 적극적으로 행동함으로써 삶을 피폐하게 만드는 걱정과 불안의 악순환을 끊고 더욱 빛나는 인생을 일궈 나가길 기원합니다.

유미바 다카시

Dale Carnegie

超譯
카네기의 말 II - 자기관리론

2판 1쇄 | 2023년 9월 11일
2판 2쇄 | 2024년 3월 4일
지 은 이 | 데일 카네기
엮 은 이 | 유미바 다카시
옮 긴 이 | 정 지 영
발 행 인 | 김 인 태
발 행 처 | 삼호미디어
등　　록 | 1993년 10월 12일 제21-494호
주　　소 | 서울특별시 서초구 강남대로 545-21 거림빌딩 4층
www.samhomedia.com
전　　화 | (02)544-9456(영업부) / (02)544-9457(편집기획부)
팩　　스 | (02)512-3593

ISBN 978-89-7849-694-0 (03100)